Stefanie Glaschke

Erfolgreich lernen für die Grundschule

Mein besonderer Dank gilt Anja Fitzner, die mir viele wichtige Anregungen für dieses Buch gegeben hat.

Stefanie Glaschke

Erfolgreich lernen für die Grundschule

Das 28-Tage-Programm

Weitere Titel zum Thema:
Peter Struck: Schule macht Spaß. Das Grundschul-Handbuch für Eltern. ISBN 3-332-01351-3
Dr. Christine Kaniak-Urban / Katharina Schlamp: Mit Spaß und Erfolg durch die Grundschule.
ISBN 3-332-01193-6
Prof. Dr. C. Perleth / Dr. T. Schatz / M. Gast-Campe: Die persönliche Begabung entdecken und stär-
ken. ISBN 3-332-01030-1
Antje Dohrn: Diktate üben – so macht es Spaß. ISBN 3-332-01195-2
Theresa Müller: Ist unser Kind hoch begabt? ISBN 3-332-01133-2
Helmut Weyhreter: Konzentrationsschwäche. Wie Eltern helfen können. ISBN 3-332-01090-5
Gislind Binder / Prof. Dr. med. Richard Michaelis: Lernstörungen. Früh erkennen, gezielt angehen,
erfolgreich ausgleichen. ISBN 3-332-01309-2
Birgit Fuchs: Spiele gegen Rechenschwäche. ISBN 3-332-01307-6
Margret Schwarz: Rechenschwäche. Wie Eltern helfen können. ISBN 3-332-01239-8
Dr. Andreas Schulz: Praxisbuch Rechenschwäche. Ein Ratgeber für Eltern. ISBN 3-332-01447-1
Godela Berendes / Dr. Christine Kaniak-Urban: Legasthenie: Das neue Training. ISBN 3-332-01348-3
Rita Schwark / Ute Laue: Legasthenie. Ein 15-Minuten-Programm für jeden Tag. ISBN 3-332-01253-3

Die Autorin: Stefanie Glaschke hat Theologie studiert und eine Ausbildung zur psychologischen
Beraterin absolviert. Ihre langjährige, erfolgreiche Arbeit mit Kindern und Jugendlichen sowie ihre
Erfahrungen mit den eigenen fünf Kindern gaben ihr das theoretische Rüstzeug und das praktische
Know-how für das vorliegende, auf Praxiswissen basierende Buch.

Bibliografische Information Der Deutschen Bibliothek
Die Deutsche Bibliothek verzeichnet diese Publikation in der Deutschen Nationalbibliografie; de-
taillierte bibliografische Daten sind im Internet über http://dnb.ddb.de abrufbar.

www.verlagsgruppe-dornier.de
www.urania-verlag.de

1 2 3 4 5   07 06 05 04 03

© 2003 Urania Verlag, Stuttgart
Der Urania Verlag ist ein Unternehmen der Verlagsgruppe Dornier.

Umschlaggestaltung: Behrend & Buchholz, Hamburg
Titelfoto: Nino Gehrig, Barcelona
Lektorat: Jeanette Stark-Städele
Gestaltung und Layout: Thoms BuchDesign
Druck: Westermann Druck Zwickau
Printed in Germany
ISBN 3-332-01448-X

Gedruckt auf alterungsbeständigem Papier mit chlorfrei gebleichtem Zellstoff

Inhalt

Einführung

Liebe Eltern,

Sie haben dieses Buch sicher aus gutem Grund gekauft. Entweder möchten Sie Ihrem Kind das Lernen erleichtern und ihm den Spaß an der Schule erhalten oder Sie wünschen sich für Ihr Kind mehr schulischen Erfolg. In beiden Fällen kann Ihnen dieser Lerntrainer eine wertvolle Hilfe sein.

Zudem erfüllt er noch einen weiteren, wichtigen Zweck. Er stärkt das Gemeinschaftsgefühl zwischen Ihnen und Ihrem Kind. Durch das gemeinsame Üben sammeln Sie Erfahrungen miteinander und Ihr Kind merkt, dass es mit den Anforderungen, die es in der Schule zu leisten hat, ernst genommen wird.

Zu Beginn der einzelnen Schritte wird jeweils Ziel und Effekt der jeweiligen Übung erklärt. Diese Erklärung richtet sich an die Eltern. Es folgen eine Übungsbeschreibung und schließlich ein Vorschlag für eine Belohnung, die das Kind für seine Mühe erhält.

Ich habe Belohnungen gewählt, an denen Sie als Eltern beteiligt sind, denn schließlich arbeiten Sie mit. Diese Vorschläge sind auf den Gesamtaufbau des Buches abgestimmt. Es gibt allerdings Schritte, nach denen ich keine spezielle Belohnung vorschlage. Nutzen Sie hierfür die Gutscheinbox, die im ersten Schritt beschrieben wird.

Natürlich können Sie die Anerkennung Ihrem Kind gegenüber aber auch anders ausdrücken.

Im Idealfall sollten Sie einen Schritt pro Tag durchführen.

Der Familienalltag bringt es allerdings mit sich, dass an manchen Tagen keine Zeit für das Training bleibt. Setzen Sie sich und Ihr Kind nicht unter Druck. Wenn an einem bestimmten Tag keine Übungen gemacht werden können, lassen Sie diesen Tag aus und legen Sie einen Schontag ein. Sie brauchen dann unter Umständen einige Tage länger, um das

Programm zu absolvieren, aber das schadet dem Training nicht. Achten Sie jedoch darauf, mindestens dreimal pro Woche und an den Wochenenden zu trainieren.

Die Übungen sollten auf jeden Fall in der angegebenen Reihenfolge durchgeführt werden, damit die erlernten Techniken bestmöglich ins Unbewusste des Kindes eindringen können. Es ist möglich, einen Schritt auf zwei aufeinander folgende Tage zu verteilen, wenn die Zeit einmal zu knapp wird.

Haben Sie oder Ihr Kind den Eindruck, eine Übung sollte noch einmal wiederholt werden? Scheuen Sie sich nicht, einen Schritt zu wiederholen. Die einzelnen Fertigkeiten, die in diesem Buch vorgestellt werden, können nicht auswendig gelernt werden, sie müssen sich beim Kind und bei Ihnen festsetzen. Es geht um das Training und das Automatisieren der Fähigkeit, nicht allein um das Verstehen.

Ihrem Kind zuliebe sollten Sie sich während der Übungen nicht von anderen Tätigkeiten, auch nicht vom Telefon oder der Türklingel, ablenken lassen. Ihr Kind und sein Lernerfolg stehen während dieser wenigen Minuten am Tag im Mittelpunkt.

Wählen Sie immer den gleichen Übungsort; es muss allerdings nicht der Platz sein, an dem normalerweise die Hausaufgaben erledigt werden.

Bei jüngeren Kindern hat es sich als positiv erwiesen, jeden Schritt mit einem Ritual zu verbinden, zum Beispiel dem Anzünden einer Kerze. Oder Sie kochen eine Kanne Tee, den Sie nach dem Üben gemeinsam trinken.

Bevor Sie mit dem ersten Schritt beginnen, informieren Sie die anderen Mitglieder Ihrer Familie. Es schadet ganz und gar nicht, wenn Ihr Kind von mehreren Seiten Lob und Anerkennung für seine Bemühungen erhält.

Ich wünsche Ihnen viel Freude und Erfolg mit diesem Buch!

Stefanie Glaschke

Wie funktioniert Lernen?

Um erfolgreich lernen zu können, ist es wichtig, die Prozesse der Informationsaufnahme und -verarbeitung sowie der Gedächtnisfähigkeit zu verstehen. Dazu bedarf es einiger Einblicke in die Funktionsweise des Gehirns.

Das Gehirn und seine Funktionen

Lernen erfolgt über die Sinneseindrücke, die über die Nervenbahnen ins Gehirn geleitet und dort verarbeitet werden.

Das Gehirn besteht aus verschiedenen Teilen, die unterschiedliche Aufgaben wahrnehmen. Nur wenn alle Vorgänge reibungslos funktionieren und ineinander greifen, verläuft der Lernprozess ungestört.

Die folgende sehr vereinfachte Zeichnung soll eine grobe Orientierung über die Struktur des menschlichen Gehirns ermöglichen.

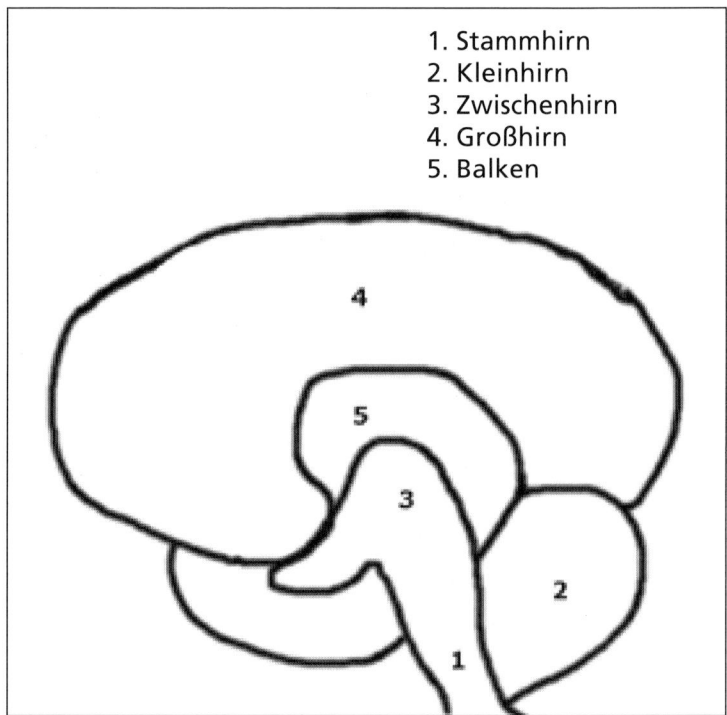

1. Stammhirn
2. Kleinhirn
3. Zwischenhirn
4. Großhirn
5. Balken

Das Stammhirn ist der älteste Teil des Gehirns. Von diesem Abschnitt aus werden lebenserhaltende Funktionen wie Atmung und Verdauung gesteuert.

Im Kleinhirn werden Bewegung und Gleichgewicht koordiniert.

Das Zwischenhirn ist die Steuerungszentrale für hormonelle Vorgänge. Von hier aus werden Emotionen weitergeleitet. Auch der Erregungs- und Entspannungszustand des Menschen hat im Zwischenhirn seinen Ursprung.

Das Großhirn ist der jüngste Teil des Gehirns. Es ist in eine linke und eine rechte Gehirnhälfte unterteilt. Die Verbindung zwischen den beiden Gehirnhälften stellt der so genannte Balken dar.

Das Großhirn trägt die Hauptverantwortung für das Lernen.

> Lernen im Sinne dieses Buches bedeutet, Sinneswahrnehmungen zu verarbeiten, zu speichern und bei Bedarf zu nutzen. Hierfür benötigen wir unsere Nervenbahnen, die die erhaltenen Reize zum Beispiel über die Fingerspitzen oder das Auge in das Großhirn weiterleiten.

Die Gehirnhälften

Die rechte Gehirnhälfte ist der linken Körperseite zugeordnet, die linke Seite des Gehirns der rechten Körperseite. Das gilt in jedem Fall für Rechtshänder, bei Linkshändern kann diese Ausrichtung spiegelverkehrt sein, muss aber nicht.

Letztendlich sind beide Gehirnhälften an der Verarbeitung von Informationen sowie an allen Denkprozessen beteiligt. Daher ist die Frage nach der Zuordnung für unser Thema zweitrangig. In jedem Fall ist die aktive Arbeit beider Gehirnhälften notwendig, um gute Geistesleistungen zu erzielen. Diese Aktivierung kann durch einfache Übungen erreicht werden, zum Beispiel durch das Schreiben mit der Hand, die

sonst nicht zum Schreiben benutzt wird. Auch das Rückwärts-Laufen und andere Aktivitäten, die den gewohnten Bewegungsabläufen widersprechen, das heißt diese umkehren, schulen beide Gehirnhälften.

Die Hirnforschung geht davon aus, dass den beiden Gehirnhälften unterschiedliche Aufgaben zugeordnet sind.

So soll die linke Hirnhälfte eher die rationalen Vorgänge und die Sprache beherbergen, während die rechte Gehirnhälfte vorrangig für das bildhafte Denken, die Intuition und die räumliche Orientierung zuständig ist.

Keineswegs sollte man davon ausgehen, dass Frauen und Männer jeweils stärker eine Hirnhälfte nutzen – das führt zu entwicklungshemmenden Vorurteilen.

Zu Beginn der Hirnforschung haben manche Wissenschaftler angenommen, dass Frauen und Männer sich dadurch unterscheiden, dass jeweils eine Hirnhälfte stärker ausgeprägt ist als die andere. Das führte zu unhaltbaren Thesen wie der vom rational kalkulierenden Mann mit emotionalen Schwierigkeiten und der „dummen" Frau mit der großen Intuition.

Leider ging man auch im Schulunterricht lange Zeit von dieser scheinbar geschlechtsspezifischen Unterscheidung des weiblichen und männlichen Gehirns aus. Gegen die kalten Füße lernten gefühlsbetonte Mädchen das Stricken von Socken. Kühle männliche Köpfe lernten, Hab und Gut zu verwalten.

Die Ausnahmen sind jedoch zahlreicher als die Regel!

Inzwischen ist klar, dass jeder Mensch, egal ob männlich oder weiblich, beide Gehirnhälften parallel nutzt und dies möglichst gleichwertig tun sollte.

Stellen Sie sich zum Beispiel Sprache ohne Intuition vor. Auch die bildhafte Vorstellungskraft der rechten Seite ist notwendig, um rationale Vorgänge überhaupt erst zu begreifen. An zahlreichen Beispielen können Sie erkennen, dass es beim Denken um die Kombination unterschiedlichster Fähigkeiten geht, wenn gute Denkleistungen das Ergebnis sein sollen. Leider ist dieses Wissen aber noch nicht bis in alle Bereiche der Gesellschaft vorgedrungen. Schließlich gibt es immer noch Männer, die behaupten, sie könnten sich auf Grund ihres Geschlechts nicht so gut ausdrücken wie Frauen. Und manche Frau versteckt sich auch heute noch hinter ihrer Weiblichkeit, wenn sie entschuldigen will, dass sie zu viel Geld ausgegeben hat.

Dieses Stereotyp ist für Kinder viel nachteiliger, als wir auf den ersten Blick annehmen. Es beraubt sie um die Hälfte ihrer Möglichkeiten! Schülerinnen, die in Mathematik sehr gut sind, werden häufig noch ebenso argwöhnisch betrachtet wie Jungen, die in der Pubertät beginnen, Gedichte zu verfassen.

Als Eltern haben Sie es in der Hand, Ihrem Kind möglichst viele Türen zu öffnen. Engen Sie es nicht von vornherein auf typisch „männliches" oder typisch „weibliches" Denken ein, sondern machen Sie es frei für die vielfältigen Möglichkeiten ganzheitlichen Denkens. Und wenn Ihnen jetzt einige Mitmenschen durch den Kopf gehen, die als typisch männlich bzw. typisch weiblich gelten, kann das auch daran liegen, dass in deren Erziehung genau dieses Vorurteil zur Anwendung kam.

Die Bedeutung der Sinne

Was man mit mehreren Sinnen gleichzeitig aufnimmt, versteht und merkt man sich viel besser als das, was in einem Vortrag vermittelt wird.

Im Verlauf dieses Trainings werden wir immer wieder darauf zu sprechen kommen, dass Lernen besonders leicht fällt, wenn unterschiedliche Sinne parallel angesprochen werden. Erinnern Sie sich einmal an den Biologie- oder Physikunterricht in Ihrer eigenen Schulzeit. In den so genannten naturkundlichen Fächern wurden und werden Versuche ins Unterrichtsgeschehen integriert. Diese Experimente dienen dazu, einen Vorgang durch Sehen, Hören, Begreifen (also Anfassen) anschaulich werden zu lassen. Es werden zumindest die drei Sinne Tasten, Hören, Sehen angesprochen. Manche Lehrer beziehen sogar den Geruchssinn und den Geschmackssinn mit ein.

Über diese Sinneswahrnehmungen verstehen die Schüler den Stoff weit besser als es der Fall wäre, wenn der Lehrer nur ein Referat über das Thema halten würde. Demselben Zweck dienen Filmvorführungen oder Rollenspiele. Diese Unterrichtsformen machen den Kindern nicht nur Spaß, weil sie spannender und abwechslungsreicher sind. Sie machen auch deshalb Spaß, weil die Schüler dadurch viel besser verstehen, was sie lernen sollen.

Leider findet solch anschaulicher Unterricht im Schulalltag nur selten genügend Raum. Doch diesem Manko können Sie zu Hause entgegenwirken. Entleihen Sie zum Beispiel ein Video zu einem Thema aus dem Sachunterricht. Hängen Sie das Alphabet als Mobile oder Fensterbild ins Kinderzimmer und üben Sie die Multiplikation mit kleinen Gegenständen wie Murmeln oder Bonbons.

Einfache Spiele mit Karten helfen Ihrem Kind, Zahlen zu begreifen. Ihr Kind lernt den ganzen Tag über, wenn Sie die richtigen Spiele anbieten. Und Ihr Kind merkt es nicht einmal!

14

Die erste Woche

In der ersten Woche gilt es, die Grundlagen effektiven Lernens zu erarbeiten – die eigenen Leistungen ausloten, effektives Zeitmanagement erwerben und den eigenen Lerntyp bestimmen.

Schritt 1 –
Gemeinsam den Start vorbereiten

Zunächst kommt es darauf an, das Kind zur freudigen Mitarbeit zu motivieren.

Sie sind nun mit den Grundlagen eines erfolgreichen Lernprozesses vertraut. Nun kommt es darauf an, Ihr Kind zur Mitarbeit zu motivieren. Dazu erklären Sie Ihrem Kind in einem ersten Schritt dieses Buch. Ihr Kind soll sich auf das Training freuen. Es soll wissen, was es erwartet und was es dafür bekommt. Beginnen Sie damit, Ihrem Kind das Buch zu zeigen. Lassen Sie es das Buch durchblättern und verweilen Sie hin und wieder an Stellen, die Ihrem Kind oder Ihnen spontan ins Auge fallen. Treffen Sie mit Ihrem Kind gemeinsam die folgenden Vorbereitungen:

1. Stellen Sie einige Belohnungen zusammen

Besprechen Sie gemeinsam, wie Belohnungen aussehen könnten. Hierfür stellen Sie mit Ihrem Kind 20 Gutscheine her. Die Gutscheine können zum Beispiel für Gute-Nacht-Geschichten oder gemeinsame Spiele ausgestellt sein. Je nachdem, wie Belohnungen in Ihrer Familie normalerweise aussehen, können auch kleine materielle Geschenke durch einen Gutschein erworben werden. Passen Sie die Belohnung an Ihre Familiensituation an. Wählen Sie aber auf keinen Fall große Geschenke. Ihr Kind soll nicht den Eindruck bekommen, es könnte sich für das Lernen bezahlen lassen. Es muss klar sein, dass Lernen zum Leben gehört wie Essen und Trinken. Erwähnen Sie, dass es an sich schon ein Gewinn für Ihr Kind ist, lernen zu können und zu dürfen. Schule sollte in der Vorstellungswelt Ihres Kindes keine lästige Pflicht darstellen, sondern eine Chance und im Idealfall sogar ein Bedürfnis.

Wenn Sie die Gutscheine beschriftet haben, darf Ihr Kind sie farblich gestalten. Dann werden sie zusammengefaltet und in einen großen Briefumschlag oder einen Karton gelegt. Beim

16

entsprechenden Hinweis im Text zieht Ihr Kind einen Gutschein. Vereinbaren Sie, wie lange ein Gutschein gültig ist. So vermeiden Sie, dass Ihr Kind einen Gutschein einlösen will, dem Sie vielleicht gerade an diesem Tag nicht gerecht werden können. Es hat sich bewährt, eine Gültigkeit von etwa drei Monaten zu vereinbaren.

2. Arbeiten Sie mit dem Stimmungsbarometer

Nicht an jedem Tag haben Sie gleich viel Lust, sich mit diesem Training zu beschäftigen. Vielleicht sind Sie an einem Tag hoch motiviert, Ihr Kind hat aber ganz andere Dinge im Kopf. Darüber sollten Sie sich austauschen. Nehmen Sie dazu weißes Papier zur Hand und teilen es in Zeilen ein. Sie benötigen 27 Zeilen. An den Anfang jeder Zeile schreiben Sie einen Schritt (Schritt 2, Schritt 3 usw.). Jedes Mal, wenn Sie mit dem Üben beginnen, tragen Sie das Datum und den Wochentag ein. Dann malt Ihr Kind ein lächelndes Gesicht für „gute Laune", ein neutrales Gesicht für mäßige oder ein schmollendes Gesicht für „gar keine Lust". Sie tragen Ihre Stimmung daneben ein.

Die Stimmung beeinflusst wesentlich den Lernerfolg. Machen Sie sich und Ihrem Kind diesen Zusammenhang bewusst.

Am Ende einer Übung malt wieder jeder ein Gesicht. Vielleicht hat sich die Stimmung verbessert. Wenn sie sich verschlechtert hat, besprechen Sie, warum das so ist.

Vielleicht stellen Sie mithilfe dieser Notizen fest, dass Sie an einem bestimmten Wochentag, zum Beispiel am Montag, immer beide schlecht gestimmt sind. In diesem Fall legen Sie in der kommenden Woche am Montag einen Pausentag ein.

3. Klären Sie mit Ihrem Kind die folgenden Fragen:
• Wird das Training freiwillig durchgeführt?
• Was ist der Anlass?
• Welches Ergebnis wird erwartet?

Notieren Sie die Antworten, die Sie und Ihr Kind gegeben haben. Vielleicht wollen Sie später nochmals darauf zurückgreifen.

Vereinbaren Sie mit Ihrem Kind, dass Sie beide gemeinsam die Verantwortung für den Trainingserfolg tragen. Versprechen Sie sich, sich notfalls gegenseitig zu ermutigen, wenn einer von Ihnen einmal gar nicht mehr weiter üben möchte.

Schritt 2 – Lernen – wozu denn?

Lernen braucht eine genau definierte und für das Kind wichtige und einsichtige Motivation.

Am Anfang des Trainingsprogramms steht die Frage, wozu Schülerinnen und Schüler denn eigentlich lernen. Meist antworten die Kinder darauf, sie würden für ihr Zeugnis lernen, für die Eltern oder auch für die Zukunft.

Hier liegt bereits das erste Problem.

Unser Gehirn erhält seine Befehle durch unser Denken. Wenn wir selbst denken, der Schreibtisch sei unordentlich, gibt das Gehirn den Befehl zum Aufräumen. Sagt ein anderer uns, unser Schreibtisch sei unordentlich, zeigt sich keine Wirkung, wenn wir diesen Gedanken nicht teilen. Welchen Befehl gibt ein Schüler mit dem Gedanken, für das Zeugnis zu lernen?

Eigentlich gar keinen, denn das Zeugnis kann ja nichts mit den guten Noten anfangen. Die Eltern auch nicht. Da klingt das Argument „Zukunft" schon besser. Aber was genau meint jemand damit, wenn er „für die Zukunft" lernt?

Der Lernende braucht ein genaues Bild, eine genaue Vorstellung seines Ziels in seinem Kopf, damit das Gehirn die notwendigen Handlungen anstößt.

Um dieses Bild möglichst genau darzustellen, eignen sich Visionen besonders gut. In diesem Schritt geht es darum zu klären, warum ein Kind lernt. Beeinflussen Sie Ihr Kind so wenig wie möglich. Es hat seine eigenen Vorstellungen.

Visionen erstellen

Ermuntern Sie Ihr Kind nur durch Fragen, das Bild von seiner Zukunft so klar wie möglich zu gestalten. Bitte sehen Sie in dieser Übung über Rechtschreibfehler hinweg. Ihr Kind soll sich ein klares Bild über seine möglichen Erfolge machen. Dies ist kein Deutschtest, sondern eine wichtige Vorbereitung auf die richtige Lerneinstellung. Die vorgeschlagene Belohnung soll dem Kind das Gefühl vermitteln, mit seinen eigenen Plänen ernst genommen zu werden. Es kann durch die Belohnung das Gefühl entwickeln, Verantwortung für die eigene Zukunft zu tragen. Das gibt ihm Raum für die eigene Entwicklung. So lernt es, nicht machtlos ausgeliefert zu sein, sondern ein Mitspracherecht in den eigenen Angelegenheiten zu haben.

Übung:

Beantworte die folgenden Fragen mit jeweils drei Sätzen. Hab keine Angst vor Rechtschreibfehlern, sie spielen hier keine Rolle. Achte aber bitte drauf, immer in der Wirklichkeitsform zu schreiben. Das bedeutet, du wählst eine Sprache der Realität. „Ich würde", „ich könnte" usw. kommen also nicht vor. Nutze Satzeinleitungen wie „ich werde", „ich kann" usw. Stell dir einfach vor, du hättest die Macht, deine Zukunft heute schon zu bestimmen.

Das Kind soll eine genaue Vorstellung von seiner Zukunft entwickeln.

1. Wie wird dein nächstes Versetzungszeugnis aussehen? Wie fühlst du dich am Tag der Zeugnisvergabe?
2. Welchen Schulabschluss möchtest du erreichen? Welches Gefühl wirst du haben, wenn du dein Abschlusszeugnis in der Hand hältst?
3. Welchen Berufswunsch hast du? Warum ist dieser Beruf für dich interessant?
4. Welche Hobbys wirst du als Erwachsener haben?

5. Wie wird deine erste eigene Wohnung aussehen? Groß oder klein? Wo liegt sie?

Lies dir deine Antworten laut vor. Wie gefällt dir das Bild von deiner Zukunft? Bist du damit zufrieden?

Belohnung:
Es ist schwer, eine Vision zu schreiben. Sogar Erwachsene haben damit Schwierigkeiten. Wie wäre es, wenn deine Familie deine Vision heute nach dem Abendessen gemeinsam anhören würde?

Vielleicht freuen sich die anderen schon darauf, mit dir die ersten Fortschritte zum erfolgreicheren Lernen zu erleben.

Oder sie erzählen dir von ihren Visionen.

Schritt 3 – Auf den Lerntyp kommt es an

Jedes Kind – und jeder Erwachsene – hat einen speziellen Sinneskanal, über den es bevorzugt lernt.

Es gibt nicht die eine Lernmethode, die für jeden passt. Lernen erfolgt über die Ohren (auditive Wahrnehmung), über die Augen (visuelle Wahrnehmung) oder über eine eher handlungsbezogene Wahrnehmung, in die alle Sinne einbezogen sind (Kinästhetik). Mit dem Grad der Intelligenz haben die verschiedenen Lerntypen übrigens nichts zu tun.

Der individuelle Lerntyp entwickelt sich durch die Sinnesförderung im Kleinkindalter. Natürlich soll Ihr Kind auf die Art lernen, die ihm am leichtesten fällt. Die wenigsten Schulen können jedoch auf die unterschiedlichen Lerntypen eingehen. Lehrer sprechen meistens überwiegend den auditiven, dann den visuellen und zum Schluss oder gar nicht den kinästhetischen Lerntyp an.

Doch das Lernen zu Hause können Sie auf den Lerntyp Ihres Kindes abstimmen und ihm die notwendigen Hilfsmittel zur Verfügung stellen.

Oft funktionieren übrigens die Lerntipps der Eltern deshalb nicht, weil sie nicht zum Typ des Kindes passen. So kann eine auditiv orientierte Mutter sich förmlich den Mund wund reden und ihrem Kind ein Gedicht immer wieder vorlesen. Doch ein kinästhetisch orientiertes Kind lernt ein Gedicht viel schneller, wenn es selbst laut liest und dabei auf und ab geht oder auf einem großen Gymnastikball sitzt.

Sitzt ein Kind regelmäßig sehr lange an den Hausaufgaben, kann dies ein Hinweis darauf sein, dass es nach den falschen Methoden lernt. Es ist nicht normal, wenn Grundschüler mehrere Stunden am Tag über den Schulaufgaben sitzen. Das würde nämlich bedeuten, dass das Abitur nur durch Nachtarbeit zu erreichen ist. In diesem Fall liegt entweder ein Methodikfehler vor oder eine mangelhafte Zeitplanung.

Und eine Leistung wird sinnvollerweise nicht daran gemessen, wie lange der Schüler dafür gebraucht hat.

Übung:

Führen Sie den folgenden Test bitte in aller Ruhe gemeinsam mit Ihrem Kind durch.

Beantworten Sie die Fragen möglichst gewissenhaft. Versuchen Sie, Ihre bisherige Meinung über Ihr Kind zu hinterfragen.

Wenn Ihr Kind mit Ihrer Antwort nicht zufrieden ist, denken Sie ruhig noch einmal gründlich nach.

Um ein möglichst aussagefähiges Ergebnis zu erzielen, ist Unvoreingenommenheit sehr wichtig. Beantworten Sie jede Frage mit Ja oder mit Nein. Wenn Sie sich nicht ganz sicher sind, geben Sie die Antwort, zu der Sie am ehesten tendieren. Vielleicht ist es auch hilfreich, andere Personen aus dem Umfeld des Kindes zu befragen.

(Mit „Kleinkindphase" ist hier die Zeit zwischen dem ersten und dritten Geburtstag gemeint.)

1. Hat Ihr Kind in der Kleinkindphase mit besonderer Vorliebe Bilderbücher betrachtet und das Dargestellte schnell auswendig gewusst?

2. War Ihr Kind in der Kleinkindphase besonders am Singen und am Erzeugen von Klängen interessiert (Trommeln auf dem Tisch, Klatschen usw.)?

3. Hat Ihr Kind schon immer sehr stark Bewegungen anderer Menschen imitiert?

4. Fühlt Ihr Kind sich bei den Hausaufgaben gestört, wenn im gleichen Raum gesprochen wird?

5. Weiß Ihr Kind im Supermarkt immer ganz genau, in welchem Regal welches Produkt zu finden ist?

6. Zappelt Ihr Kind bei den Hausaufgaben herum?

7. Ihr Kind hat einen spannenden Film gesehen. Beschreibt es vordergründig das Aussehen des Helden?

8. Zitiert Ihr Kind gerne Comic- oder Filmhelden wörtlich?

9. Wenn Ihr Kind eine Person aus einer Geschichte beschreiben soll, geschieht das dann unter Einsatz von Händen und Füßen?

10. Puzzelt Ihr Kind mit besonderer Vorliebe auch schwierige Motive oder baut es gerne Modelle aus Bausteinen zusammen?

11. Ist Ihrem Kind ein aufgeräumter Arbeitsplatz wichtig?

12. Ihr Kind soll einem Dritten einen kurzen Weg erklären (zum Beispiel den Schulweg). Wird es eine Skizze anfertigen?
(Es spielt keine Rolle, ob die Skizze korrekt ist.)

13. Bringen Sie Ihr Kind dazu, konzentriert nachzudenken. Wandern seine Augen dabei von der einen zur anderen Seite?

14. Liebt Ihr Kind handwerkliche Tätigkeiten?

15. Braucht Ihr Kind nach anstrengenden Lernphasen unbedingt einen körperlichen Ausgleich?

16. Bittet Ihr Kind Sie häufig, ihm etwas vorzulesen, obwohl es selbst gut lesen kann?
17. Wenn Sie Ihrem Kind einen Videofilm und eine Hörspielkassette anbieten, wählt es dann das Hörspiel?
18. Kann Ihr Kind sich trotz Lärm und Unruhe auf seine Arbeit konzentrieren?
19. Wenn Sie Ihrem Kind einen Auftrag erteilen, schreitet es dann oft schon zur Tat, ohne bis zu Ende zugehört zu haben?
20. Kann Ihr Kind auffallend gut telefonieren?
21. Liest Ihr Kind lieber Bücher mit vielen Bildern statt Bücher mit überwiegend Text?

Notieren Sie alle Fragen, die Sie mit „Ja" beantwortet haben. Die übrigen Fragen spielen für die Auswertung keine Rolle. Die Fragen sind den Lerntypen wie folgt zugeordnet:
    Auditiver Lerntyp: Fragen 2, 4, 8, 13, 16, 17, 20
    Visueller Lerntyp: Fragen 1, 5, 7, 11, 12, 18, 21
    Kinästhestischer Lerntyp: Fragen 3, 6, 9, 10, 14, 15, 19
Die Kategorie, in der Sie die meisten positiven Antworten gegeben haben, gibt den Lerntyp Ihres Kindes wieder. Es gibt allerdings auch Mischtypen. Berücksichtigen Sie die Empfehlungen für alle Kategorien, die gleich stark vertreten sind.

Der auditive Lerntyp
Gehört Ihr Kind zum auditiven Typ, lernt es am besten über die Ohren. Das bedeutet aber auch, dass es über das Gehör die meiste Ablenkung erfahren kann. Musik bei den Hausaufgaben ist also tabu. Ein auditiver Typ sollte immer in Ruhe und Stille lernen können. Selbst Zwischenfragen stören beim Nachdenken. Eine wirksame Methode, wenn es um das Erlernen von Formeln, Regeln, Gedichten oder Ähnlichem geht, besteht darin, den Stoff auf ein Diktiergerät zu sprechen und

später anzuhören. Ein auditiver Typ lernt nicht am besten durch Abschreiben, sondern durch Abhören. Behalten Sie das für die erste Fremdsprache im Hinterkopf.

Der visuelle Lerntyp

Tendiert Ihr Kind zum visuellen Typ, braucht es etwas für die Augen. Es nimmt Informationen besser auf, wenn sie ihm schriftlich gegeben werden (Einkaufsliste, Merkzettel usw.). Regeln und Merksätze sollte es stets abschreiben, auch Gedichte und Liedtexte lernt es auf diese Weise besser. Schaubilder und Grafiken helfen dem visuell ausgerichteten Kind, den Lernstoff zu verarbeiten. Ihr Kind sollte nicht durch optische Reize wie Unordnung am Arbeitsplatz abgelenkt sein.

Der kinästhetische Lerntyp

Das kinästhetische Kind hat es in der Schule am schwersten. Es lernt am besten in Bewegung. Deshalb eignet sich ein Gymnastikball in der richtigen Größe hervorragend als Schreibtischstuhl. Lassen Sie Ihr Kind beim Lernen laut lesen und dabei auf und ab gehen. Kinästhetische Teenager beschaffen sich übrigens die Bewegung, indem sie im Unterricht stricken, während sie den Vorträgen der Lehrer zuhören. Manuelle, eintönige Tätigkeiten stören nicht etwa ihre Konzentration, sondern fördern sie. Ihr kinästhetisch orientiertes Kind kann auch beim Joggen mit Hilfe des Discman lernen.

Belohnung:
Belohnen Sie Ihr Kind mit einem Hilfsmittel, das speziell für seinen Lerntyp geeignet ist. Beim auditiven Lerntyp bietet sich die Möglichkeit an, in Zukunft Schulstoff auf Band aufzunehmen und wieder abzuspielen oder ein Hörbuch einzusetzen. Ein Diktiergerät ist natürlich das beste Mittel der Wahl für auditiv ausgerichtete Schüler.

Stellen Sie Ihrem Kind Lernmaterialien, die auf seinen Lerntyp abgestimmt sind, zur Verfügung.

Einem visuell ausgerichteten Schüler helfen Lineal und Zeichenblock zum Erstellen von Grafiken, ebenso Farbstifte und farbige Notizzettel.

Und der Kinästhet kann Karteikarten, Handschmeichler, Bastelbögen oder Jongliertücher gut gebrauchen.

An dieser Stelle soll auch noch einmal auf den Gymnastikball als Sitzgelegenheit hingewiesen werden. Er eignet sich für Kinästheten hervorragend. Bitte lassen Sie sich allerdings über die Größe des Balls entweder im Sportgeschäft oder beim Orthopäden beraten. Für Grundschüler ist die Standardgröße oft zu groß. Bei einer falschen Größe kann es zu Haltungsschäden kommen. Eine preiswerte Alternative für die etwas teureren kleinen Modelle sind Hüpfbälle aus dem Spielwarenhandel. Da ein Kind aus solchen Bällen herauswächst wie aus Schuhen, lohnt sich ein Preisvergleich.

Wenn Ihr Kind zu Aggressionen und Unkonzentriertheit neigt, kann die Verwendung des Sitzballs ebenfalls hilfreich sein. Da er Bewegung nahezu erzwingt, fördert er die Spannungsabfuhr und mildert so zum Beispiel die schädliche Wirkung von bestimmten Fernsehsendungen und Computerspielen. Aufgestaute Emotionen, die durch Computerspiele oder manche Fernsehsendungen entstehen, werden dadurch körperlich teilweise wieder abgeleitet.

Vergessen Sie das Stimmungsbarometer nicht. Manche Kinder sind nach der Lerntypbestimmung schlecht gelaunt, weil sie sich nicht mit dem Ergebnis abfinden möchten.

In meinen Kursen halten die Teilnehmer den kinästhetischen Typen oft für „schlechter" als die anderen. Erklären Sie Ihrem Kind, dass es keine Wertunterschiede zwischen den einzelnen Ausrichtungen gibt.

Schritt 4 – Leistungsgrenzen feststellen

Ihr Kind hat sich mit seinen Zielen befasst und kennt seinen Lerntyp. Nun gibt es noch zwei weitere Grundvoraussetzungen für effektives Lernen. Zum einen gilt es, sich darüber im Klaren zu sein, wie viel Zeit das Lernen in Anspruch nimmt. Zeitplanung ist auch schon für jüngere Schüler wichtig. Zum anderen ist es erforderlich, die Frage der Unter- und Überforderung zu überlegen.

Die Zeit zum Lernen muss festgelegt sein, damit die Freizeit eine zuverlässige Größe im Tagesablauf bleiben kann.

Kinder brauchen einen klaren Zeitrahmen. Damit ist gewährleistet, dass sie ein Ende des Lernens absehen können und nicht befürchten müssen, keine Zeit mehr zum Spielen zu haben. Außerdem wirkt sich ein zeitlich begrenzter Rahmen positiv auf die Disziplin aus.

> Freizeit ist für einen Menschen ebenso wichtig wie Schule oder Arbeitszeit. In der Freizeit entwickelt ein Mensch seine sozialen Kompetenzen, sein Selbstwertgefühl und auch seine Eigenverantwortung auf die Art, die seiner Persönlichkeit entspricht.

Jeder Mensch hat eine andere zeitliche Belastungsgrenze. Die Übungen in diesem Buch werden zusätzlich zu den Hausaufgaben erledigt. Zudem soll das Kind vielleicht noch versäumten Stoff aufholen. Nach der Devise „Steter Tropfen höhlt den Stein" sind täglich zehn Minuten für die Leistungssteigerung besser als einmal pro Woche drei Stunden am Stück.

Um das tägliche Pensum an „Zusatzlernen" zu ermitteln, ist die folgende Übung gedacht.

Achten Sie bei dieser Übung zur Ermittlung der Motivation Ihres Kindes darauf, dass es die Fragen frei von Vorurteilen und Erwartungen anderer beantwortet. Bemühen Sie sich bitte, Ihre Enttäuschung zu bekämpfen, wenn die Antworten Ihres Kindes nicht Ihren Erwartungen entsprechen. Sie können keinen spontanen Rekord erzielen, dafür aber einen Dauererfolg.

Übung:

Du kannst nur lernen, wenn du Freude daran hast. Zu dieser Freude kann dich niemand zwingen, aber du kannst dich um eine positive Einstellung zum Lernen bemühen.

Sei ehrlich: Nur schlimm ist die Schule doch schließlich auch nicht. Stell dir vor, wie langweilig es wäre, ständig Ferien zu haben.

Am besten fühlst du dich, wenn die Anstrengungen und die Vergnügungen in deinem Leben gut aufgeteilt sind. Schließlich braucht jeder Mensch auch das Gefühl, etwas zustande gebracht zu haben, sonst macht das Ausruhen keinen Spaß.

Wenn du allerdings zu viel von dir verlangst, bist du bald erschöpft und willst am Ende gar nichts mehr tun. Das ist ein Zeichen dafür, dass du dich überfordert hast.

Solche Überforderungen sind gefährlich. Sie können sogar körperlich krank machen. Auf jeden Fall führen sie aber zur so genannten Demotivation, das heißt der Spaß an der Sache geht verloren. Ohne Freude am Lernen funktioniert es aber nicht, deine Leistungen werden schlechter, du überforderst dich wieder und am Ende kommt nichts dabei heraus als eine Art Kreislauf zwischen Unlust, Leistungsabfall, Leistungsdruck usw.

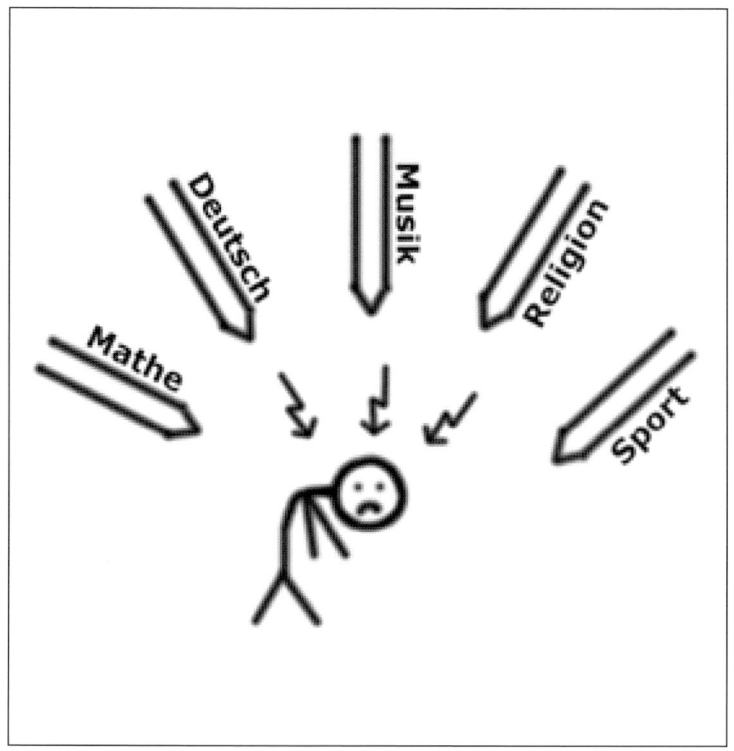

Doch drohende Überforderung ist kein Grund, die Füße hochzulegen und erst mal alles locker zu nehmen. Denn damit erreichst du einen ähnlich schädlichen Zustand, den der Unterforderung.

Wenn ein Mensch nicht genug Anforderungen hat, wird er faul und schlapp, am Ende ist ihm alles zu viel. Er weiß nichts mit sich anzufangen und bekommt kaum noch mit, was um ihn herum vor sich geht. Auch dadurch werden die Leistungen schlechter und auch hierbei kann es zu ernsthaften Erkrankungen kommen.

Es gilt – wie immer im Leben – einen Ausgleich zwischen Unter- und Überforderung zu finden.

Es gibt jedoch eine einfache Möglichkeit, das für dich richtige Maß an Anforderungen zu finden.

Du hast täglich Hausaufgaben zu erledigen und arbeitest außerdem in diesem Buch. Zusätzlich möchtest oder musst du vielleicht noch alten Stoff wiederholen oder dich gezielt auf Klassenarbeiten vorbereiten.

Für diese zusätzlichen Aufgaben brauchst du eine Zeitspanne, die genau auf dich zugeschnitten ist. Das geht mit einer einfachen Rechenaufgabe.

Wir rechnen:

Überforderung plus Unterforderung dividiert durch zwei!

Ups, das klingt kompliziert? Ist es aber nicht. Ich werde es dir erklären.

Stell dir einmal einen Schüler namens Max vor. Er erledigt seine Hausaufgaben schnell und das Arbeiten in diesem Buch macht ihm viel Freude. Max ist ein guter Schüler. Er kann sich vorstellen, dass er höchstens 30 Minuten am Tag einsetzen will, um noch besser zu werden.

Mehr als 30 Minuten überfordern ihn und er wüsste nicht, wie er das schaffen sollte.

Bei 30 Minuten täglich liegt also seine Überforderungsgrenze. Max meint aber, dass er mindestens zehn Minuten täglich arbeiten will, weil er sonst ein schlechtes Gewissen bekommt. Also liegt bei zehn Minuten seine Grenze zur Unterforderung.

Damit heißt die Rechnung für Max:

Überforderung plus Unterforderung dividiert durch zwei
$(30 + 10) : 2 = 20$

20 Minuten täglich lautet also die Lösung seiner Gleichung. Das bedeutet, dass ein Zeitraum von 20 Minuten für Max die beste Anforderung darstellt. Wenn er weniger Zeit investieren würde, wäre er nicht ausgelastet, mehr Zeit würde ihn zu sehr anstrengen.

Nehmen wir noch ein zweites Beispiel. Sabrina ist eine schwache Schülerin. Sie braucht lange für die täglichen Hausaufgaben und das Arbeiten in diesem Buch kostet sie noch zusätzlich Zeit.

Sabrina meint, dass sie keinesfalls mehr als 20 Minuten zusätzlich für die Schule opfern kann (Überforderungsgrenze). Und weniger als zehn Minuten sollen es auch nicht sein, weil sie sonst ein schlechtes Gewissen hat und sich faul fühlt (Unterforderungsgrenze).

Sabrinas Rechnung lautet:

$$(20 + 10) : 2 = 15$$

Sabrina sollte also 15 Minuten pro Tag zusätzlich lernen, nicht mehr, obwohl sie eine schlechtere Schülerin ist als Max. Aber diese fünfzehn Minuten kann sie durchhalten.

Dabei werden ihre Leistungen besser, und wenn sie die Rechnung nach einem Monat noch einmal macht, sehen die Ergebnisse vielleicht schon anders aus.

Und deine Rechnung?
Ermittle jetzt deine Überforderungsgrenze und die Grenze der Unterforderung. Richte dich dabei nur nach dir, nicht nach deinen Klassenkameraden und sonst etwas. Nicht einmal der Sportverein spielt im Moment eine Rolle.

Notiere dein Ergebnis und verpflichte dich, dich so lange daran zu halten, bis du dieses Buch durchgearbeitet hast. Am besten schreibst du einen Vertrag mit dir selbst:

Ich ＿＿＿＿＿＿＿＿＿＿＿＿＿＿ verpflichte mich, täglich

＿＿＿＿ Minuten für das Fach ＿＿＿＿＿＿＿＿＿＿＿＿

zusätzlich zu den Hausaufgaben zu lernen. Dafür werde ich

mich mit ＿＿＿＿＿＿＿＿＿＿＿＿＿＿＿ belohnen,

wenn ich es schaffe, mich 20 Tage lang an diesen Vertrag zu halten.

Schließe nach drei Wochen einen neuen Vertrag mit dir. Wahrscheinlich werden sich die Grenzen bis dahin etwas verschoben haben.

Belohnung:
Was hältst du davon, wenn deine Eltern heute einmal ermitteln müssen, wie lange du sie am kommenden Wochenende in Anspruch nehmen darfst? Wo liegen ihre Grenzen der Überforderung? Wann plagt sie das schlechte Gewissen?

Wenn sie dir das Ergebnis mitteilen, darfst du dir aussuchen, wie die ermittelte Zeit genutzt wird. Du hast freie Auswahl von Abendspaziergang über Fernsehen bis hin zu Kartenspielen oder Ähnlichem.

Schritt 5 – Zeitplanung

Die richtige Zeitplanung ist die letzte Grundvoraussetzung für einen Lernerfolg. Sie ist wahrscheinlich der anstrengendste Teil des gesamten Trainings. Vielleicht sind die hier beschriebenen Regeln auch für Sie neu. Dann testen Sie doch einmal, ob Sie in der Lage sind, sie für Ihren Alltag anzuwenden. Mit etwas Training kann jeder sie in einigen Wochen erlernen und sie bringen wertvolle Vorteile.

Kinder erleben den gleichen Zeitdruck wie Erwachsene.

Ihr Kind steht in der Schule vor der schwierigen Aufgabe zu entscheiden, wo es die meiste Energie investieren will. Zudem finden oft mehrere Leistungsabfragen in unterschiedlichen Fächern in kurzen Zeitabständen statt.

Was ist wichtiger, das Diktat in Deutsch oder die Mathearbeit? Und der Religionslehrer will auch noch einen Test schreiben lassen.

Zudem gibt es neben der Schule noch weitere bedeutsame Termine. Der Handballverein bereitet sich auf ein Turnier vor, die beste Freundin plant eine Halloweenparty und die Großmutter hat am Sonntag Geburtstag. Hier heißt es Prioritäten setzen. Selbst Erwachsenen fällt dies schwer und sie versuchen oft, auf vielen Hochzeiten gleichzeitig zu tanzen. Ihr Kind wird in diesem Schritt lernen zu entscheiden, was wirklich wichtig ist. Und es wird lernen, seine Zeit bestmöglich einzuteilen. Unterschätzen Sie aber nicht die Mühen, die damit verbunden sind.

> Zeitplanung ist für Ihr Kind wichtig, weil es den Überblick über seine Zeit bekommt und besser einschätzen lernt, zu welchen Leistungen es überhaupt in der Lage ist.

Mir begegnen in meinen Seminaren immer wieder Kinder, die schon in der ersten Klasse so viele Nachmittagstermine haben, dass sie eigentlich eine Schulbefreiung bräuchten.

Hier sollten allerdings auch die Eltern umdenken. Es hat Gründe, dass Kinder heute viel häufiger als früher unter Stresssymptomen wie Unlust, Appetitlosigkeit und Schlafstörungen leiden.

Wenn die Zeit nicht vorhanden ist, die ein Kind für seine Aufgaben braucht, kann es keine ausreichenden Leistungen erzielen. Wenn Ihr Kind noch sehr jung ist und gerade erst in die Schule gekommen ist, genügt es, wenn es die Grundprinzipien der Zeitplanung versteht. Kinder können frühestens ab acht Jahren Zeiträume selbstständig einschätzen. Außerdem ist es wichtig, dass das Kind an Termine erinnert wird. Ein Wecker, den das Kind regelmäßig auch am Tage stellen kann, ist besser geeignet als ein Erwachsener, der das Kind erinnert. Der Wecker fördert die Selbstständigkeit und das Gefühl, für seine Zeit selbst die Verantwortung zu tragen.

Außerdem macht es den meisten Kindern Freude, sich wie die Erwachsenen mit Zeit zu beschäftigen.

Übung:

Zeitplanung verhindert Stress und beseitigt das Chaos, das manchmal im Kopf herrscht, wenn man meint, viel zu wenig Zeit zu haben.

Heute wirst du beginnen, die Zeitplanung zu erlernen. „Beginnen" schreibe ich deshalb, weil Zeitplanung eine Technik ist, die langsam erlernt wird. Anfangs wirst du täglich zu Beginn des Nachmittags einen Zeitplan erstellen müssen. Sicher wirst du alles begreifen, was ich hier zur Erklärung aufschreibe, aber dann heißt es üben, üben, üben. Nach etwa drei Monaten funktioniert die Zeitplanung fast von selbst und du wirst merken, dass du gar nicht mehr ohne diese Einteilung auskommen willst.

Schreib bitte alle Dinge auf, die du heute erledigen willst.

Notiere alles, auch solche Vorhaben wie das Telefonieren mit deinem Freund, die Fernsehsendung, die du heute sehen möchtest, und deine Hausaufgaben. Wenn du noch einen Termin hast, kommt der auch auf die Liste.

Als Nächstes überlegst du dir, wie viel Zeit dir noch bleibt, bis du schlafen gehst. Deine Eltern dürfen dir beim Rechnen ruhig helfen.

Nehmen wir einmal an, es wären noch etwa sechs Stunden.

Jetzt schreibst du hinter alle deine Aufgaben, wie viel Zeit sie in Anspruch nehmen werden.

Leg dich bitte fest. Es gibt bei der Zeitplanung kein „Weiß ich nicht". Schließlich hast du die Zeit im Griff und nicht umgekehrt.

Wenn du dich nicht festlegst, vertrödelst du unter Umständen Zeit.

Fertig?

Du müsstest jetzt eine Liste haben, die der folgenden ähnlich sieht:

Mathe üben:	25 Minuten
Deutsch Hausaufgaben:	30 Minuten
Lerntraining:	30 Minuten
Kaninchenstall sauber machen:	15 Minuten
Robert anrufen:	20 Minuten
Tisch decken und zu Abend essen:	30 Minuten
Fernsehen:	45 Minuten
Spielen:	60 Minuten

Diese Zeiten werden zusammengezählt. In meinem Beispiel sind es vier Stunden und 15 Minuten.

Du erinnerst dich, dass wir von sechs Stunden zur Verfügung stehender Zeit ausgegangen sind. Prima, das passt. Aber halt!

Von der ursprünglich vorhandenen Zeit ziehst du immer etwa ein Viertel ab. In unserem Beispiel wären dies eine Stunde und 30 Minuten. Diese Zeit wird nicht verplant. Sie ist eine Notreserve für Dinge, die du nicht vorhersehen konntest. Wenn deine Mutter dich bittet, schnell eine Tüte Zucker einzukaufen, oder wenn ein Schulfreund dich anruft, um dir etwas zu erzählen, brauchst du diese Notfallzeit. Sonst kommt alles durcheinander und der tolle Plan war völlig umsonst. Wenn du die Notfallzeit am Ende nicht verbraucht hast, freu dich darüber, sie ist nur für dich da!

Du siehst jetzt, dass du nach Abzug der Notfallzeit noch vier Stunden und 30 Minuten verplanen kannst. Deine Aufgaben machen vier Stunden und 15 Minuten aus. Es hat geklappt!

Jetzt trägst du deine Aufgaben in eine Art Stundenplan ein.

Deine Eltern können dir zeigen, wie ein Terminplaner aussieht; vielleicht spendieren sie dir sogar einen professionellen Terminkalender. Er ist aber keinesfalls Voraussetzung für gute Zeitplanung. Du kannst auch den folgenden Plan kopieren und nutzen.

Mein Tagesplan 16.02.2003

07:00 Uhr	
07:30 Uhr	
08:00 Uhr	
08:30 Uhr	
09:00 Uhr	
09:30 Uhr	
10:00 Uhr	
10:30 Uhr	
11:00 Uhr	
11:30 Uhr	
12:00 Uhr	
12:30 Uhr	
13:00 Uhr	
13:30 Uhr	
14:00 Uhr	
14:30 Uhr	
15:00 Uhr	
15:30 Uhr	
16:00 Uhr	
16:30 Uhr	
17:00 Uhr	
17:30 Uhr	
18:00 Uhr	
18:30 Uhr	
19:00 Uhr	
19:30 Uhr	
20:00 Uhr	

Belohnung:
Heute ist für diese Anstrengung ein Gutschein fällig. Viel Glück bei der Auswahl und vergiss das Stimmungsbarometer nicht!

Schritt 6 – Prioritäten setzen

Prioritäten zu setzen fällt nicht nur Kindern schwer. Auch Erwachsene wollen oft mehr schaffen, als die Zeit hergibt, mehr besitzen, als der Kontostand ermöglicht usw. Kinder haben in ihrem Drang nach Entwicklung oft das Bedürfnis, alles auf einmal zu haben, zu tun, zu erleben. Es fällt schwer, Schwerpunkte zu setzen.

Es gilt immer wieder, Entscheidungen zu treffen und Wichtiges von weniger Bedeutsamem zu unterscheiden. Oft ist dabei Flexibilität gefragt.

Sie können Ihr Kind dadurch unterstützen, dass Sie ihm immer, wenn es etwas streichen muss, anbieten, sofort eine neue Zeit für das geplatzte Vorhaben zu finden. Je flexibler und einfallsreicher Sie sind, umso weniger wird das Kind unter zeitlichen Einschränkungen leiden. So kann man einem Kind, das am Tag vor einer Arbeit keine Zeit hat, seine Lieblingssendung im Fernsehen zu sehen, anbieten, diese aufzuzeichnen. Sie kann dann vielleicht nach der Klassenarbeit als kleine Belohnung angeschaut werden. Und wenn der Fußballklub nicht in den Tagesplan passt, weil ein Schwimmkurs fällig ist, können Eltern wahre Helfer sein, wenn sie dem Kind anbieten, in der Trainingspause einmal einen Stadionbesuch am Wochenende zu ermöglichen.

Übung:
Was passiert, wenn du zu viele Aufgaben aufgeschrieben hast? Viele, auch erwachsene Menschen, arbeiten dann nach dem Motto: „Augen zu und durch!" Doch das funktioniert grundsätzlich nicht!

Wenn du zu viele Aufgaben aufgeschrieben hast, musst du etwas streichen. Ich weiß, es tut weh, aber notfalls bleibt der Fernseher dann eben aus. Es kommt aber deine Lieblingssendung?

Macht nichts, vielleicht nimmt sie jemand für dich auf und du siehst sie dir an einem anderen Tag an.

Vielleicht nimmt dir jemand das Tischdecken ausnahmsweise ab. Oder du telefonierst nicht mit deinem Freund, weil ihr sowieso vorhabt, das Wochenende miteinander zu verbringen.

Und jetzt noch etwas, was Eltern und Lehrer nicht gern hören: Vielleicht waren deine beiden letzten Mathearbeiten richtig gut. Dann übst du eben für die kommende Arbeit etwas weniger als sonst. Schließlich wollen wir das mit der Schule ja nicht übertreiben, oder?

Die Regeln der Zeitplanung schreibe ich hier noch einmal für dich auf:

1. Aufgaben aufschreiben, auch die Hobbys und Freizeitbedürfnisse
2. Gesamtzeit ermitteln
3. Notreserve (etwa ein Viertel der Gesamtzeit) abziehen
4. Dauer der Aufgaben notieren
5. Notfalls Dinge streichen
6. Alles im Terminplaner eintragen
7. Am Tagesende Kontrolle deines Plans

Die Kontrolle wird häufig ergeben, dass du nicht alles so erledigt hast, wie du es geplant hast. Das macht nichts, denn erst Übung macht den Meister!

Belohnung:
Setz für den nächsten Tag etwas auf deinen Plan, was du schon lange vorhattest und bisher immer verschieben musstest!

Diese Belohnung darf nicht gestrichen werden, notfalls, falls morgen die Zeit knapp wird, verschieb es auf übermorgen! Wenn du kein dringendes Bedürfnis hast, kannst du dir gratulieren. Ziehe in diesem Fall einen Gutschein.

Schritt 7 – Kleinigkeiten zur Zeitplanung

Die letzten beiden Schritte stellten für Ihr Kind eine große Anstrengung dar. Deshalb erhält es heute nur einige wenige Tipps zum Thema Zeitplanung.

Auf einen „anstrengenden" Übungstag folgt auch mal ein Tag mit geringerer Anforderung.

Übung:
Heute musst du nicht üben. Du sollst dir nur deinen Zeitplan erstellen. Sobald du Profi in Sachen Zeitplanung bist, brauchst du dafür übrigens nicht mehr als fünf Minuten am Tag.

Die folgenden Tipps möchte ich dir noch mit auf den Weg geben:
1. Plane bei deinen Hausaufgaben nach 30 Minuten immer eine kurze Pause ein. Es lernt sich danach besser, und dein Kopf hat Zeit zum Umschalten.
2. Ordne die Fächer für die Hausaufgaben möglichst geschickt. Mathematik und Naturwissenschaften (Sachkunde) sollten nicht direkt aufeinander folgen. Nachdem du ein Diktat geübt hast, solltest du nicht sofort einen Text lesen.
   Das Gehirn ermüdet schneller, wenn du immer die gleichen Denkarten nutzt. Das erscheint zwar praktisch, benötigt aber letztlich mehr Zeit.

Empfehlenswert ist also:	Mathe
	Religion
	Deutsch
Oder:	Mathe
	Sachkunde
	Deutsch
	Religion

3. Wenn du auf eine Tagesaufgabe überhaupt keine Lust hast, stelle sie vor eine Sache, die dir richtig Spaß macht. Die Matheregeln, die du lernen musst, gehören vor die Fernsehsendung und das Entspannungsbad nimmst du erst, wenn der Kaninchenstall gereinigt ist. Halte dich aber an deine eigenen Regeln, schließlich willst du dich ja nicht selbst betrügen, oder?

Belohnung:
Heute kannst du einen Gutschein ziehen!

Die zweite Woche

In der zweiten Woche können bereits konkrete Probleme, wie Stofflücken, angegangen werden. Daneben gilt es grundsätzliche Einstellungen zu erwerben, zum Beispiel den Umgang mit Niederlagen. Und natürlich darf der Spaß bei lustigen Lernspielen nicht fehlen.

Schritt 8 – Wiederholung Zeitplanung

Erstellen Sie gemeinsam einen Plan fürs Wochenende, in den Eltern und Kind alle notwendigen und gewünschten Aktivitäten eintragen.

Sie haben in den vergangenen Tagen vermutlich intensiv mit Ihrem Kind gearbeitet. Vielleicht haben Sie dabei auch noch etwas lernen können. Für beide Seiten waren die Lernschritte anstrengend. Das Erlernte festigt sich bei Ihrem Kind besonders gut, wenn es wahrnimmt, dass die Eltern Interesse an den Inhalten zeigen.

Erstellen Sie im heutigen Schritt mit Ihrem Kind einen gemeinsamen Zeitplan.

Ermitteln Sie zunächst folgende Grundwerte:
- Wie viel Zeit können Sie am Wochenende mit Ihrem Kind verbringen?
- Wie viel Zeit steht für Familienaktivitäten zur Verfügung?

Zur Berechnung benötigen Sie die Formel aus Schritt 4 (siehe Seite 27 f.). Ihr Kind soll parallel dazu feststellen, wie lange es Sie in Anspruch nehmen möchte und was es für sich ganz alleine erleben möchte.

Besprechen Sie mit Ihrem Kind, welche Familienaktivitäten es sich wünscht. Passen diese Wünsche in Ihren Plan? Finden Sie notfalls einen Kompromiss und zeigen Sie Ihrem Kind, dass auch Sie vielleicht etwas streichen müssen. Sie bieten damit ein gutes Vorbild, und ein Vorbild ist mehr wert als tausend Worte.

Beachten Sie bitte, dass am Wochenende nach Möglichkeit keine Hausaufgaben erledigt werden sollten. Auch Kinder haben eine 5-Tage-Woche. Sonst stellt sich Schulfrust ein und dieser ist dem Lernerfolg ganz und gar nicht dienlich!

Wenn die geplante Aktivität mit einem finanziellen Aufwand verbunden ist, können Sie die Motivationsformel auch darauf anwenden. Erklären Sie Ihrem Kind, wo die Ausgabenhöchstgrenze für das Wochenende liegt und wo die Mindestgrenze. Vielleicht lernt Ihr Kind auf diese Weise so ganz nebenbei auch noch, wie Geld eingeteilt wird!

Übung:
Hilf deinen Eltern heute bei der Zeitplanung für eure gemeinsame Unternehmung. Schließlich bist du ja inzwischen gut informiert. Zeichne aber vorher deine Stimmung in euer Barometer ein.

Belohnung:
Die gemeinsame Zeit mit deinen Eltern sollte dir heute Belohnung genug sein!

Schritt 9 – Vision als Collage erstellen

Im ersten Schritt dieses Trainings wurde verdeutlicht, wie wichtig es ist, ein klares Ziel vor Augen zu haben, um überhaupt mit der Arbeit zu beginnen.

Erfahrungsgemäß fällt es Kindern schwer, eine Vision regelmäßig einzusetzen. Da aber die Zielsetzung die wichtigste Voraussetzung für das Lernen ist, wollen wir hierauf noch einmal zurückkommen.

Wenn Sie dieses Buch durchgearbeitet haben, liegt es an Ihnen, Ihr Kind regelmäßig an seine Vision (siehe Seite 15) zu erinnern. Nutzen Sie die Vision aber bitte niemals als Druckmittel: „Wenn du in Mathe nicht besser wirst, kannst du dir das große Haus sowieso nicht leisten." Die Vision gehört Ihrem Kind und niemand darf sie gegen den Besitzer verwenden. Vielleicht geht Ihr Kind in seinem Leben einen anderen Weg, als Sie wählen würden, aber es wird sein Ziel erreichen, wenn es nur daran arbeitet.

Das Kind sollte immer vor Augen haben, welches Ziel es mit dem Lernen verfolgt.

45

Übung:

Heute werden wir uns wieder mit dem Thema Vision be-schäftigen. In der letzten Woche habe ich Fragen gestellt und du hast sie beantwortet. Heute machen wir etwas anderes.

Natürlich hast du deinen Zeitplan schon fertig, oder?

Dann besorg dir bitte Schere, Papier, Klebstoff und alte Zei-tungen, Illustrierte, Kataloge oder Ähnliches.

Auf das Papier schreibst du groß „Meine Zukunft" und jetzt geht es los:

Kleb alles auf, was in deinen Gedanken zu deiner Zukunft gehört. Wenn etwas wichtig ist, du aber keine Abbildung fin-den kannst, mal es einfach oder schreib das Wort auf. Wenn du möchtest, kannst du deine Vision deinen Eltern erklären. Dann hängst du sie an einem Platz auf, den du täglich siehst.

Belohnung:

Heute schlage ich dir als Belohnung etwas ganz Einfaches vor, was allerdings große Wirkung zeigen kann und bestimmt Spaß macht.

Jedes Familienmitglied soll einfach das Alphabet in Form von Vornamen aufsagen, also zum Beispiel: Alfred, Berta, Christian, Daniel, Elise usw.

Die Zeit, die jeder dazu braucht, wird gestoppt und der Sieger erhält einen kleinen Preis, zum Beispiel eine Tafel Schokolade. Oder ihr erstellt als Belohnung eine Urkunde, auf der alle unterschreiben. Es ist gut möglich, dass du deine Eltern besiegst. Dann gönn ihnen eine zweite Chance, bei der ihr statt Vornamen Städte oder Berufe verwendet.

Schritt 10 – Entspannung Teil 1

Entspannung ist ein häufig gebrauchtes Wort, mit dem viele nichts anzufangen wissen. Wie notwendig Entspannung für alle Altersgruppen ist, ist bekannt. Die hohe Zahl der psychosomatischen Erkrankungen beweist allerdings, wie selten Entspannung wirklich bewusst durchgeführt wird.

Wer sich nicht regelmäßig entspannt, bleibt nicht leistungsfähig – dieses Problem macht heutzutage auch schon Kindern zu schaffen.

Wer sich entschließt, sich mit dem Thema „Entspannung" näher zu befassen, ist meist schon gestresst und überlastet, nicht selten sind die ersten Schäden bereits eingetreten.

Es verhält sich dabei ähnlich wie mit der Zeitplanung. Wer den größten Stress hat, entspannt sich am wenigsten – und hätte es doch am nötigsten!

Entspannung ist am sinnvollsten, wenn sie vorbeugend eingesetzt wird. Sie werden im Folgenden einen Test finden, den Sie mit Ihrem Kind durchführen können. Er wird Ihnen Hinweise darauf geben, ob Ihr Kind professionelle Hilfe bei der Entspannung braucht.

Sollten Sie das Gefühl haben, Ihr Kind würde eine solche Hilfe benötigen, wenden Sie sich an die Bildungsträger in Ihrer Stadt. Dort werden in der Regel Kurse in verschiedenen Entspannungstechniken angeboten.

Ob Sie sich für autogenes Training oder Yoga entscheiden oder vielleicht für Muskeltiefenentspannung, hängt natürlich von Ihrem Kind ab. Nicht jedem liegt jede Methode gleichermaßen. Beginnen Sie einen solchen Kurs aber erst nach Beendigung dieses Trainings, sonst ist Ihr Kind überfordert. Achten Sie in jedem Fall darauf, dass es ein Kurs speziell für Kinder ist. Dort wird anders gearbeitet als in Kursen für Erwachsene. Der Entwicklungsstand der kindlichen Psyche wird von guten Kursleitern berücksichtigt.

Sollten Sie über die Tageszeitung oder die Programme der Bildungsträger keinen Kurs finden können, fragen Sie Ihren Kinderarzt. Er kann Ihnen sicher weiterhelfen. Achten Sie auch auf die Qualifikation des Kursleiters. Er sollte eine Ausbildung in Entspannungspädagogik oder eine psychologische Ausbildung absolviert haben.

Test zur Ermittlung des Stressfaktors Ihres Kindes

Stresssymptome treten schon bei Grundschülern auf. Versuchen Sie Ihr Kind vor Überlastungen zu bewahren.

Schon bei Grundschülern können Stresssymptome auftreten. Manchmal nehmen die Eltern die Belastung des Kindes gar nicht wahr, entweder weil die eigene Widerstandskraft höher ist oder weil das Kind in ein Problem verwickelt ist, das die Eltern als ihr eigenes betrachten.

Dabei ist Stress an sich nicht immer negativ zu verstehen – das gilt auch für den folgenden Test. Die Geburt eines Geschwisterchens zum Beispiel stellt für ein Kind eine Belastung dar, die verarbeitet werden will. Ebenso verhält es sich mit dem lang ersehnten Umzug in das Eigenheim. Sosehr sich das Kind auch auf das neue Zimmer freuen mag, die Umgebung zu wechseln ist eine Aufgabe, die erledigt werden muss.

Es ist immer von Vorteil, wenn Sie frühzeitig auf die Belastung des Kindes reagieren können. Aber Eltern müssen keineswegs perfekt sein. Machen Sie sich keine Vorwürfe, wenn Ihr Kind nach den Kriterien dieses Tests einen hohen Stress-

faktor hat. Helfen Sie ihm, die Situation zu bestehen, damit ist genug getan.

Beantworten Sie die folgenden Fragen mit „Ja" oder „Nein". Notieren Sie sich das Ergebnis.

Kategorie A
1. Sind Sie in den letzten sechs Monaten umgezogen?
2. Hat Ihr Kind in den letzten sechs Monaten einen Wechsel des Klassenlehrers erlebt?
3. Gab es innerhalb der letzten sechs Monate schwere Konflikte zwischen Ihnen und dem anderen Elternteil des Kindes?
4. Gab es in den letzten sechs Monaten einen Todesfall oder eine schwere Erkrankung unter den Bezugspersonen des Kindes?
5. Waren Sie selbst in den letzten sechs Monaten ernsthaft krank?
6. Wurde Ihre Familie in den letzten sechs Monaten von existenziellen Problemen bedroht (Arbeitslosigkeit usw.)?
7. Erlebt Ihr Kind in der Schule körperliche Gewalt?

*Viele für Erwach-
sene oft unbedeu-
tend erscheinende
Ereignisse wirken
auf Kinder stress-
auslösend.*

Kategorie B

1. Hat Ihr Kind Einschlafprobleme?
2. Hat Ihr Kind Durchschlafprobleme?
3. War Ihr Kind in den letzten sechs Monaten ernsthaft krank?
4. Berichtet Ihr Kind morgens häufig von Albträumen?
5. Hat es in Ihrer Familie innerhalb der letzten zwölf Monate Nachwuchs gegeben?
6. Hat Ihr Kind ältere Geschwister, deren Auszug in die Selbstständigkeit innerhalb der letzten sechs Monate stattfand?
7. Ist im letzten Vierteljahr ein Haustier Ihres Kindes verstorben?

Kategorie C

1. Ist Ihr Kind in letzter Zeit oft allein?
2. Hatten Sie in den letzten drei Monaten manchmal das Gefühl, Ihr Kind würde sich zurückentwickeln?
3. Erwarten Sie Familienzuwachs?
4. Spielt Ihr Kind mehr als 30 Minuten pro Tag am Computer?
5. Verlangt Ihr Kind in der letzten Zeit mehr als früher nach zuckerhaltigen Nahrungsmitteln?
6. Hat Ihr Kind an mehr als zwei Nachmittagen in der Woche außerschulische Pflichten?
7. Hat Ihr Kind in den letzten drei Monaten einen guten Freund verloren?

Wenn Sie in Kategorie A dreimal oder öfter mit „Ja" geantwortet haben, sollten Sie die Entspannung für Ihr Kind sehr ernst nehmen. Es braucht viel innere Ruhe, um den äußeren Anstrengungen gewachsen zu sein. Vielleicht denken Sie noch einmal über professionelle Hilfe nach. Planen Sie aber zumindest drei Entspannungsübungen pro Woche für Ihr Kind ein. Ebenso verhält es sich bei vier oder mehr „Ja-Antworten" in Kategorie B. Wenn Sie in Kategorie C mit „Ja" geantwortet haben, nehmen Sie das zum Anlass, mit Ihrem Kind zu sprechen. Schildern Sie Ihre Beobachtung und versuchen Sie, die Ursachen für das Verhalten zu ergründen. Möglicherweise liegt ein Hinweis auf eine unerkannte Belastungssituation vor.

Übung:

Du sollst dich heute mit Entspannung auseinander setzen oder besser anfreunden. Wir beginnen mit einer der einfachsten Übungen. Vielleicht hast du schon einmal davon gehört, dass ein Mandala eine Entspannungsübung ist, und in der Schule hast du schon Mandalas gemalt. Wenn nicht, dann werde ich dir genau erklären, was gemeint ist. Unten siehst du ein typisches Mandala.

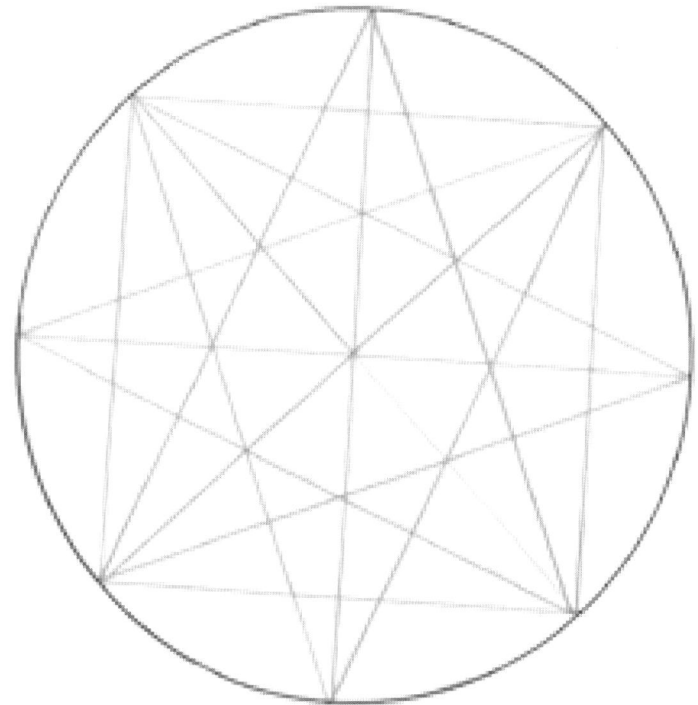

Mandala malen macht großen Spaß und bringt enorme Entspannung.

Ein Mandala sollte immer rund sein. Es besteht aus vier gleichen Vierteln, hat also zwei Spiegelachsen. Das Mandala ist zusammengesetzt aus geometrischen Figuren und es hilft bei der Entspannung.

Bitte benutze zur Entspannung keine „Modemandalas". Das sind Darstellungen, in die zum Beispiel Bilder wie Blumen oder Tiere eingebaut sind. Sie sind sehr hübsch und eignen sich als Zimmerschmuck. Zur Entspannung taugen sie nicht, denn schließlich soll der Kopf frei von Gedanken werden und sich nicht mit Hunden, Katzen oder Bäumen beschäftigen.

Die Entspannung beim Mandala tritt dadurch ein, dass du es ausmalst, und zwar mit weichen Buntstiften. Es ist wichtig, dass du die Farben wählst, nach denen dir der Sinn steht. Auch hierbei würden Tier- oder Blumenmotive stören, denn wer malt schon gerne grüne Kühe?

Wenn du ein Mandala malst, beginn bitte außen und ende innen. Hierzu gibt es einen alten Spruch: „Es ruht sich gut im Auge des Taifuns." Das soll bedeuten, dass inmitten von allem Trubel immer ein ruhiger Punkt liegt, und den findest du in der Mitte des Mandalas.

Wenn du Lust hast, probier es einmal aus. Lass deine Arme weit kreisen. Die Kreise sollen immer kleiner werden, also von außen nach innen gehen. Jetzt beschreib die Kreise andersherum. Fang mit kleinen Kreisen in der Mitte an und lass sie immer größer werden, so weit deine Arme reichen. Bei der zweiten Bewegungsform wirst du kribbelig und schwungvoll, bei der ersten ruhig und gemächlich. Aus diesem Grund beginnst du beim Malen des Mandalas von außen. Es soll dich nämlich ruhig werden lassen.

Ich habe noch zwei Mandalas für dich abgebildet, die du ausmalen kannst. Probiere einmal aus, ob dir diese Entspannungsmethode gefällt. Wenn ja, schenken deine Eltern dir vielleicht einen speziellen Mandalamalblock. Du kannst

Mandalas auch selbst mit Zirkel und Lineal entwerfen. Im Internet gibt es spezielle Mandalaseiten, die du ausdrucken kannst, und die Stadtbücherei hat sicher Bücher zu diesem Thema.

Nutze ein Mandala immer dann, wenn du merkst, dass du dich nicht mehr konzentrieren kannst. Auch wenn du vor etwas Angst hast, kann es dir helfen, ruhiger zu werden.

Plane in der kommenden Woche doch einmal an zwei Tagen das Ausmalen eines Mandalas vor deinen Hausaufgaben ein.

Jetzt mal noch eines der drei Mandalas in diesem Buch, und damit hast du genug getan.

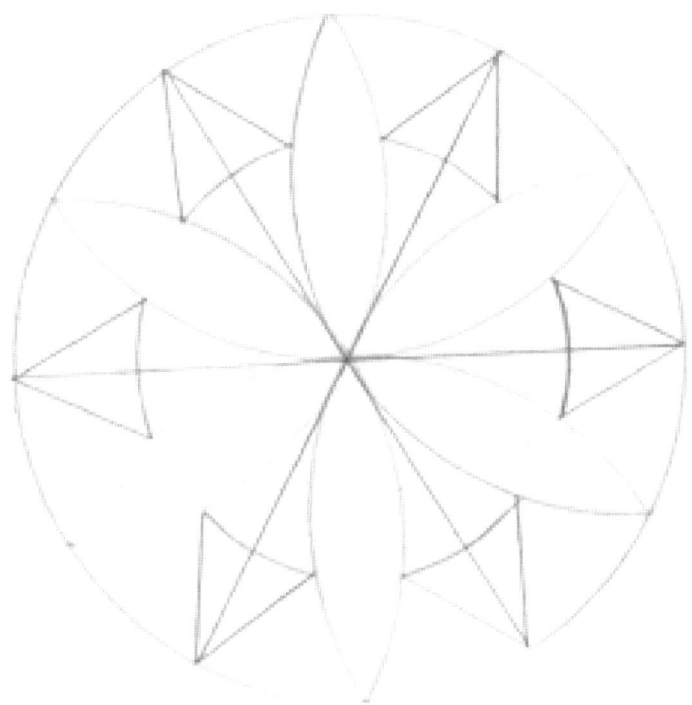

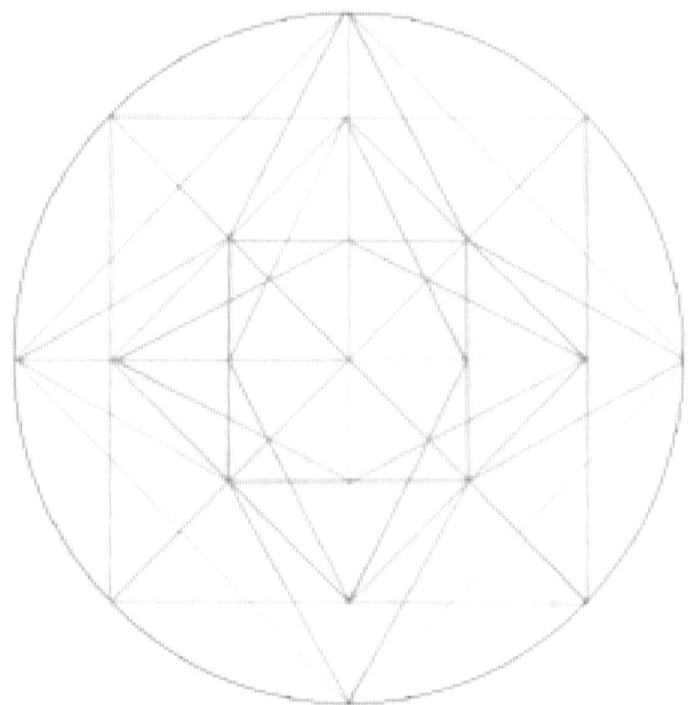

Belohnung:
Bitte die Mitglieder deiner Familie, ein Mandala zu entwerfen. In den nächsten Tagen kannst du dann ausprobieren, wer das beste Mandala entworfen hat.

Wenn deine Familie sich dazu nicht bereit erklärt, darfst du einen Gutschein ziehen.

Schritt 11 –
Wie werden die Zensuren besser?

Dieses Kapitel ist nicht für jeden Schüler von Bedeutung, dennoch darf es in diesem Trainingsprogramm nicht fehlen. Wenn es nicht erforderlich ist, dass Ihr Kind seine Zensuren verbessert, lassen Sie diesen Schritt aus.

Am wichtigsten ist es, dass das Kind lernt, selbst Verantwortung für seinen Schulerfolg zu übernehmen.

Wenn Ihr Kind noch keine Zensuren bekommt, lassen Sie diesen Schritt aus oder arbeiten Sie unter der Fragestellung: „Wie kann ich meine Fehlerzahl in Diktaten/Rechenaufgaben vermindern?"

Dieser Schritt entspricht im Wesentlichen Schritt 4 (siehe Seite 27 ff.) – mit veränderten Inhalten.

Wichtig ist, dass Sie bei der Übung darauf achten, Ihrem Kind das letzte Wort bei seiner Motivation zu lassen. Es fällt oft schwer, die eigenen Erwartungen zurückzustellen. Schließlich wollen wir das Beste für unsere Kinder. Trotzdem müssen wir lernen, dass die Schule letztlich die Angelegenheit unserer Kinder ist. Es kommt vor, dass ein Kind mit einem „Befriedigend" in Mathe zufrieden ist, obwohl durchaus ein „Gut" möglich wäre. Doch wenn es darauf ankommt, können diese Kinder meist Ehrgeiz entwickeln. Und diese Selbstständigkeit ist das Wichtigste.

> Kinder müssen lernen, die Verantwortung für ihre eigenen Erfolge zu übernehmen.

Übung:

Du erinnerst dich sicher an die Übung aus Schritt 4 (siehe Seite 28 ff.). Wir werden sie jetzt noch einmal durchführen, nur mit anderen Fragen.

Die Formel lautete:

Überforderung plus Unterforderung dividiert durch zwei!

In Schritt 4 ging es um Zeit, jetzt geht es um Zensuren.

Such dir ein Schulfach aus, in dem du gerne eine bessere Zensur im nächsten Zeugnis haben möchtest. (Wenn das Halbjahr schon fast vorbei ist, geht es um das übernächste Zeugnis.)

Nun fragst du dich, welche Note du mindestens erreichen möchtest. Welche Zensur wäre dir peinlich? Was darf auf keinen Fall im Zeugnis stehen? Das sind die Fragen nach der Grenze zur Unterforderung. Notiere dir deine Antwort.

Jetzt die Fragen nach der Überforderung. Was traust du dir höchstens zu? Welche Zensur wirst du auf keinen Fall erreichen können? Diese Antwort gibt die Überforderungsgrenze an. Wenn du jetzt die Formel anwendest, weißt du, welche Zensur du in dem betreffenden Fach erreichen kannst. Du weißt damit auch, welche Leistungssteigerung für dich bis zum nächsten Zeugnis möglich ist.

Belohnung:

Zur Belohnung sollst du heute einen Vertrag mit deinen Eltern schließen. Sie müssen sich verpflichten, dir ein bestimmtes Geschenk zu machen, wenn du dein Ziel tatsächlich erreichst. Mach einen schriftlichen Vertrag und häng ihn gut sichtbar für dich über deinem Schreibtisch auf. Diese Form der Belohnung wird sicher nicht die Regel werden. Du erhältst das Geschenk nicht für die entsprechende Zensur, sondern dafür, dass du so zielgerichtet an deiner Verbesserung gearbeitet hast.

Vergiss das Stimmungsbarometer nicht!

Schritt 12 – Strategie

In diesem Abschnitt geht es darum, eine Aufgabe in verschiedene kleine Schritte zu untergliedern. Während meiner Arbeit mit Schülern ist mir aufgefallen, dass viele Schüler vor Bergen von Aufgaben stehen, die unüberschaubar und demotivierend wirken. Sie wissen oft gar nicht, wo sie mit dem Lernen anfangen sollen.

Denken Sie einmal darüber nach, welchen Stellenwert die Schule Ihres Kindes in Ihrer Familie einnimmt.

Deshalb ist es ratsam, die Anforderungen in Teilschritte einzuteilen; dadurch werden auch Teilerfolge eher sichtbar. Einem Kind sollte auch klar sein, dass Zeit eine Voraussetzung für das Lernen ist. Viele Kinder nehmen sich vor, fleißig zu lernen, und müssen dann frustriert aufgeben, weil sie einfach nicht die Gelegenheit dafür finden. In diesem Punkt sind besonders die Eltern gefordert. Die Lernzeit des Kindes gehört ebenso in den Familienzeitplan wie die Tätigkeiten der Eltern und das Einkaufen. Es kommt immer wieder vor, dass Eltern von ihren Kindern verlangen zu lernen, aber den zeitlichen Rahmen dafür nicht bereitstellen. In diesem Fall sollten die Eltern ebenfalls die Grundsätze aus Schritt 6 „Prioritäten setzen" (siehe Seite 39 ff.) beherzigen. Ein extremes Beispiel hierfür war ein Schüler der fünften Klasse des Gymnasiums, der in Englisch und Mathematik große Schwächen hatte. Er musste um seine Versetzung und damit um den Verbleib auf der Schule bangen. Die Eltern übten einerseits Druck auf den Jungen aus, seine Leistungen zu verbessern, andererseits verlangten sie auch, dass der Junge regelmäßig sein intensives Tennistraining absolvierte. Als der Junge einmal aufbegehrte, dass er die Zeit zum Lernen bräuchte, entgegnete die Mutter ihm, er könne schließlich auch im Auto auf der Fahrt zum Training lernen!

Übung:

Stell dir vor, du hast große Lücken in einem Fach.

Vielleicht warst du länger krank oder hast aus anderen Gründen den Anschluss an deine Klasse verloren.

Diese Lücken zeigen sich meistens durch eine besonders schlechte Klassenarbeit. Das ist der Punkt, an dem du und deine Eltern feststellen: Hier muss etwas geschehen.

Das Schwierige ist nur, dass meistens nicht klar ist, wo genau die Lücken liegen. Also ist die Wiederholung des gesamten bisherigen Stoffes erforderlich. Und das, obwohl du schon so viel zu tun hast.

Jedes Problem lässt sich in Teilbereiche gliedern, die Schritt für Schritt aufgearbeitet werden.

Meistens lässt sich ein Fach in mehrere Bereiche untergliedern. Bei den Fremdsprachen ist dies am besten ersichtlich. Zu den Fremdsprachen gehören Vokabeln, Grammatik, Übersetzungstechnik und Landeskunde.

Wenn du in Mathe bei den Textaufgaben Probleme hast, dann unterteile diese Aufgaben in Form, Fragestellung und Rechenarten.

Du siehst also: Ein Problem besteht immer aus mehreren Teilen.

Außerdem benötigst du zum Lernen und Nachholen auch noch Zeit und Übungsaufgaben. Unter Umständen solltest du jemanden finden, der deine Aufgaben korrigiert. Die letzten drei Teilbereiche sind für dich vielleicht selbstverständlich. Aber sie müssen mitbedacht werden. Schließlich scheitern große Pläne oft gerade an kleinen Selbstverständlichkeiten.

Fertige hierzu eine Zeichnung an, die der folgenden Grafik ähnlich sieht.

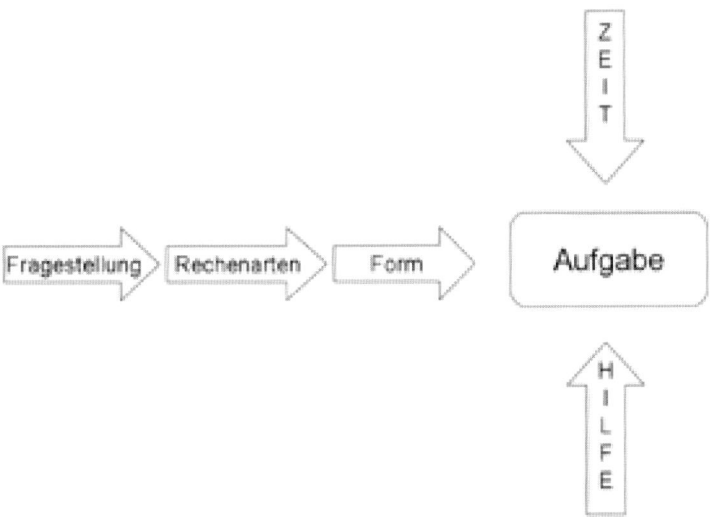

In die Mitte schreibst du, wie das Problem heißt, das du angehen möchtest. Dann überlegst du dir die einzelnen Teile dieses Problems und schreibst sie in Pfeile, so wie es oben dargestellt ist.

Diese einzelnen Aspekte betrachtest du genau und legst fest, wann und wie du welchen Einzelpunkt bearbeiten willst. Manchmal ist es sinnvoll, mehrere Pfeile gleichzeitig zu bearbeiten, manchmal muss ein Schritt nach dem anderen getan werden.

Während du dir Gedanken darüber machst, wann und wie lange du üben willst, sucht vielleicht ein anderer für dich Übungsaufgaben aus dem Internet.

Beim Fach Deutsch könnte zum Beispiel in den Pfeilen stehen:

Rechtschreibung, Grammatik, mehr lesen, laut lesen.

Da du das Prinzip der Zeitplanung bereits beherrschst, muss dazu nicht mehr viel erklärt werden. Sinnvoll ist dabei, dass du die verschiedenen Einzelpunkte in kurzen Zeitabständen bearbeitest. Du könntest also innerhalb einer Woche an einem Tag ein Diktat üben, einmal laut vorlesen, einmal die Grammatik zur Hand nehmen und zweimal pro Woche eine halbe Stunde ein gutes Buch lesen. Das behältst du Woche für Woche bei, bis du den Rückstand aufgeholt hast. Selbst zehn Minuten täglich werden schon Erfolge bringen, denn „steter Tropfen höhlt den Stein".

Planlose Büffelei oder Lernen im Hauruck-Verfahren bringt nichts, weil sich das Wissen nicht dauerhaft im Kopf festsetzt und dabei wiederum allzu leicht andere Fächer vernachlässigt werden.

Die nächsten Lücken kommen dadurch bestimmt eher, als du denkst. Und deine Schulzeit soll ja nicht ein einziges Lückenfüllen sein, oder?

Nach ein Tipp für Könner: Bei schwierigen Themen in der Schule lohnt es sich sehr, vorausschauend zu lernen. Das bedeutet, dass zum Beispiel das kleine Einmaleins täglich geübt wird, auch wenn der Lehrer es nicht ausdrücklich verlangt.

Belohnung:
Dieser Schritt war nicht einfach für dich. Zur Belohnung habe
ich dir eine Traumreise aufgeschrieben.

   Leg dich einfach auf dein Bett, schließ die Augen und lass
sie dir ganz langsam vorlesen. Du wirst überrascht sein.

Traumreise
Du liegst auf einer Lichtung,
unter dir ist weiches, grünes Gras.
Die Strahlen der Sonne erwärmen deinen Körper,
über dir ist ein Blätterdach.

Du hörst Vögel singen.
Die Luft riecht frisch.
Du spürst, wie dein Körper ganz warm und ganz leicht wird.

Langsam hebt dein Körper von der Wiese ab.
Leicht wie eine Feder schwebst du über dem Boden.
Warme Winde streicheln deine Haut,
du bist glücklich.

Du atmest tief ein,
tief in den Bauch fließt dein Atem
ein und aus – ein und aus.
Langsam lässt du dich wieder schwerer werden,
sanft landest du auf dem Gras.
Du siehst die Blätter über dir.
Sonnenstrahlen scheinen in dein Gesicht.
Du bist ganz ruhig. Dir ist angenehm warm.
Dein Atem geht ganz ruhig.

Schritt 13 – Verarbeiten von Niederlagen

Niederlagen und Rückschläge wird das Kind immer wieder einmal erleben – in der Schule wie auch im späteren Leben.

Gerade wenn Ihr Kind sich freiwillig mit diesem Training befasst, wird es auf Erfolge warten. Das ist nur allzu verständlich, denn niemand strengt sich gerne umsonst an.

Trotzdem werden auch Niederlagen eintreten. Wenn Ihr Kind schulische Probleme hat, rühren die Niederlagen zum Teil daher, dass noch viele alte Lücken vorhanden sind, die sich erst nach und nach schließen. In diesem Fall benötigt Ihr Kind dringend Ihre Ermutigung. Machen Sie ihm klar, dass Sie hinter ihm stehen und ihm Zeit geben.

Es darf nicht unter den Druck geraten, Wunder vollbringen zu müssen. Aber auch wenn Ihr Kind gute schulische Leistungen erzielt, werden sich Niederlagen nicht vermeiden lassen.

Erklären Sie Ihrem Kind, wie wichtig Niederlagen sind, um etwas zu lernen. Machen Sie ihm keine Vorwürfe, sondern nehmen Sie eine Fehleranalyse vor.

Checken Sie die folgenden Punkte:
• Warst du gesundheitlich auf der Höhe?
• Warst du gut vorbereitet?
• Hattest du einen ausführlichen Zeitplan?
• Hast du den Stoff verstanden?
• Wie ging es dir an dem Tag, an dem die Arbeit geschrieben wurde? Hattest du Angst vor der Arbeit?
• Hast du Sorgen, die dich bedrücken?
• Hast du Ärger mit einem Lehrer oder deinen Freunden?

Bestimmt fallen Ihnen noch weitere Fragen ein, weil Sie die Schwächen Ihres Kindes genau kennen. Die entdeckten Fehler und Ursachen werden nun gar nicht weiter betrachtet, sondern das Kind bekommt sofort Alternativen aufgezeigt. Wenn das Problem zum Beispiel darin bestand, dass das Kind Angst vor der Arbeit hatte, muss es lernen, sich vor einer Klassenarbeit intensiver zu entspannen als bisher. Dann sind Außenreize wie Fernsehen oder Musikhören am Abend vor einer Arbeit tabu. Sie könnten stattdessen eine Traumreise vorlesen.

Helfen Sie Ihrem Kind über die Angst vor Niederlagen hinweg, indem Sie von Ihren eigenen Niederlagen erzählen. Und machen Sie deutlich, dass es nicht möglich ist, immer und überall gut zu sein. Schließlich sind wir Menschen und keine Roboter.

Übung:

Heute wollen wir uns mit Niederlagen befassen. Schreib doch einmal die größte Schlappe auf, die du in letzter Zeit einstecken musstest. Und jetzt überlegst du, was danach Schlimmes passiert ist. Offensichtlich hast du es überlebt. Also war es nicht so schlimm, wie es zuerst aussah. Also, dann denk doch mal nach, was du aus der Situation lernen konntest. Bestimmt machst du aus dieser Erfahrung heraus in Zukunft etwas ganz anders als bisher. Wenn es auch komisch klingen mag, die Niederlage bringt einen großen Gewinn: Du lernst aus ihr und damit sammelst du Erfahrungen, die du in deinem ganzen späteren Leben gebrauchen kannst. Das heißt jetzt nicht, dass du Pannen und Pleiten sammeln sollst. Aber sie werden immer wieder einmal passieren, auch wenn du dir die größte Mühe gibst, sie zu verhindern. Mach dir klar, dass du aus ihnen lernst, und vor allem, dass Fehler zum Menschen gehören.

Aus Fehlern wird man klug – eine Einstellung, die für Kinder ebenso wie für Erwachsene sehr hilfreich sein kann.

Belohnung:
Du darfst einen Gutschein ziehen, nachdem du deine Stimmung eingetragen hast.

Schritt 14 – Lernen um die Wette

Gemeinsam macht alles mehr Spaß – vor allem wenn die Aufgaben in ein Spiel oder einen Wettkampf „verpackt" werden.

Jetzt ist schon fast die Hälfte dieses Programms geschafft! In diesem Schritt geht es um Spaß beim Lernen. Zuerst ermittelt bitte jeder in der Familie seinen Lerntyp und merkt sich natürlich das Ergebnis.

Und nun ist Gehirnjogging angesagt. Es gilt, die folgenden Denkaufgaben möglichst schnell zu lösen. Jeder arbeitet für sich alleine. Es ist ratsam, die Aufgaben dafür abzuschreiben oder zu kopieren, damit es keine Rangeleien um das Buch gibt. Denken Sie sich einen Preis für den Sieger aus.

Aufgaben:

1. Der Zahlenfresser hat in die Zahlenreihen einige Lücken geknabbert. Welche Zahlen fehlen?

   3   8   —   18   23   —   —   38   43
   50   43   36   —   22   —   —

2. Ordne die Wörter nach dem Alphabet!
   Kuchen
   Butter
   Blumen
   Kaninchen
   Kanne
   Lampe
   Milch
   Mutter
   Kutter
   Ampel
   Amsel
   Kante

   Welche Wörter sind Reimwörter?

3. Lisa hat sich verlaufen. Sie hat eine schriftliche Wegbeschreibung in der Hand. Kannst du Lisa den Weg zeigen? In welchem Haus wohnt Lisa?

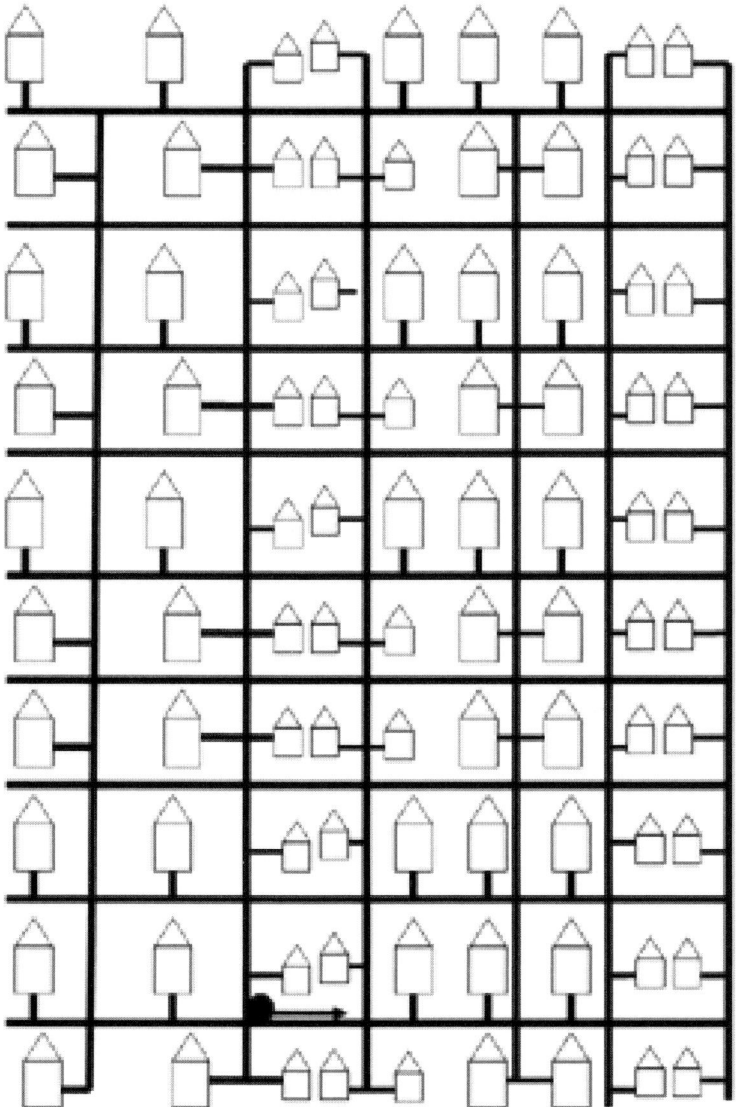

Wegbeschreibung:
4. Straße links
1. Straße links
3. Straße rechts
2. Straße links
2. Straße rechts
4. Straße rechts
9. Straße links
4. Straße links
3. Straße rechts
1. Straße links
1. Straße rechts
2. Straße links
1. Straße links
1. Straße links

4. Im folgenden Text hat jemand den Buchstaben „e" gegen die Zahl „67" ausgetauscht. Kannst du den Text richtig aufschreiben?

Das G67hirn fr67ut sich üb67r j67d67 n67u67 Aufgab67. Sogar nachts arb67it67t 67s.
Dafür muss 67s ab67r ausr67ich67nd Futt67r b67komm67n.
Futt67r für das G67hirn sind Obst, Nüss67 und ganz vi67l Wass67r.

5. Suche im unten stehenden Feld die folgenden Wörter:
Clowns, Karneval, Maske, Musik, Tombola, Narren.
Sie können senkrecht, waagerecht und vorwärts und rückwärts versteckt sein!

```
D F J U G U T L B W E C L O W N S
T O M B O L A K J G E V M F K G K
S F K S B F K A L S F B D K S B K
V K X V B K D R S F K F K K F L N
L B D K G L B N L K G G F L F G E
Y D L G Y D D E M U S I K D S B R
S F S B S K S V S B K F K S B L R
Y E L W Y E M A S K E G L A G L A
S Y L F S Y L L S S B Y F L Y S N
```

6. Und jetzt hast du die Möglichkeit zu sehen, ob du Zahlen besser finden kannst. Wie oft ist die Zahl 19 im Zahlenfeld versteckt?
Sie ist hier allerdings nur vorwärts entweder waagerecht oder senkrecht versteckt.

```
8 1 9 4 0 8 4 0 8 4 0 5 7 7 9 1 0
9 8 7 6 3 9 5 7 6 2 1 0 3 5 4 6 4
4 5 8 7 6 5 4 6 4 6 9 1 6 4 1 3 4
4 6 7 4 6 8 5 1 9 3 6 6 5 7 4 4 6
5 1 9 7 8 8 2 9 1 9 4 6 8 5 1 9 6
5 6 4 6 5 2 3 5 7 6 3 4 1 6 9 6 3
```

7. Rätselfische

Jeder Fisch hat einige Buchstaben verschluckt. Wenn du die Buchstaben in seinem Bauch ordnest, erhältst du ein Wort. Wenn du dann die Fische in der richtigen Reihenfolge schwimmen lässt, ergeben alle Fische zusammen einen Satz.

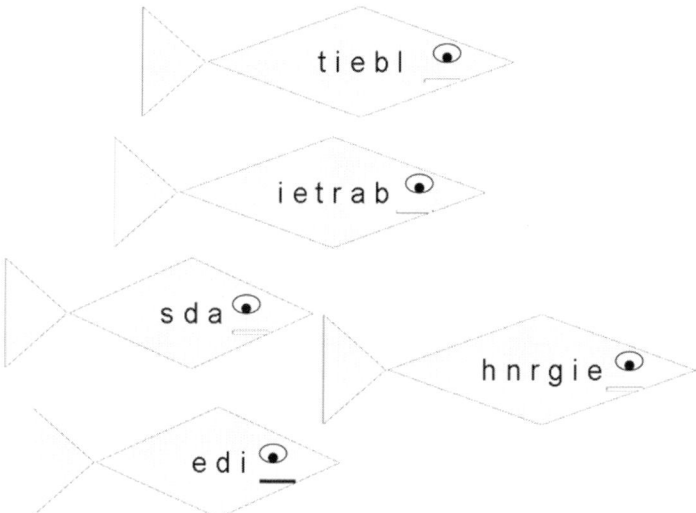

8. In den dargestellten Häusern wohnen fünf Freunde. Wenn du die Buchstaben im Dach ordnest, erhältst du die Namen der Kinder. Die Jahreszahlen in der Tür verraten dir, wie alt die Kinder heute sind.

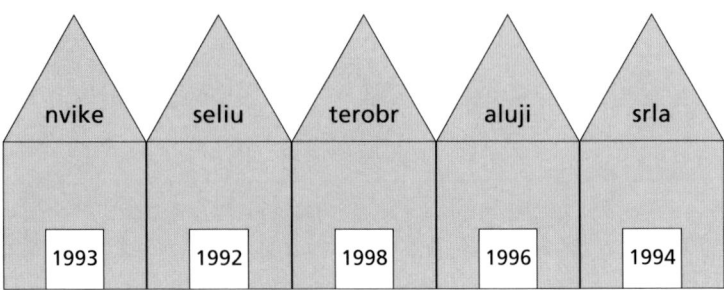

9. Schreibe zu jedem Buchstaben im Alphabet einen Vornamen auf. Du darfst vier Buchstaben auslassen.

10. Schreibe zu jedem Buchstaben im Alphabet ein Tier auf. Du darfst vier Buchstaben auslassen.

(Die Auflösungen zu den Rätseln finden sich im Anhang.)

Die dritte Woche

Bewusste Wahrnehmung und tiefe Entspannung – das sind wichtige Voraussetzungen für das Lernen, die durch Spiele und Übungen geschult werden können.

Schritt 15 – Wahrnehmungsübungen

Es ist spannend, die Wahrnehmung zu schulen – mal bewusst zu riechen, zu schmecken oder zu fühlen.

Wahrnehmung ist die Grundvoraussetzung für das Erlernen von Wissen. In diesem Schritt erhalten Sie Vorschläge für Wahrnehmungsübungen, die Sie mit Ihrem Kind durchführen können. Versuchen Sie, die eine oder andere Übung auch selbst auszuführen. Sie werden sehen, wie schwer sie fallen kann.

Diese Übungen sind als Anregungen gedacht. Sie sollen natürlich nicht alle nacheinander ausprobiert werden. Streuen Sie hin und wieder im Alltag eine Wahrnehmungsübung ein oder nutzen Sie einen Regentag, um mit der ganzen Familie spielerisch zu üben. Diese Spiele eignen sich auch hervorragend für einen Kindergeburtstag.

Zum Schmecken:

1. Bereiten Sie unterschiedliche Gewürze und sonstige Kochzutaten vor. Geben Sie eine kleine Menge davon auf eine Untertasse oder in einen Eierbecher. Verbinden Sie Ihrem Kind die Augen und lassen Sie es schmecken. Errät es, was es auf der Zunge hat?

2. Schreiben Sie mit Ihrem Kind Dinge auf, die einen besonders prägnanten Geschmack haben. Es sollten süße, saure, bittere Geschmacksrichtungen vertreten sein. Starten Sie einmal einen Versuch! Wenn Sie Salz mit Zucker mischen, welche Geschmackrichtung ergibt sich daraus? Lassen Sie Ihr Kind Vermutungen äußern. Was wird aus salzig und bitter? Ist Geschmack veränderbar?

Dieses Spiel dient ausschließlich dem Trainieren der Wahrnehmung. Es gibt kein Ergebnis, das erreicht werden soll. Es lässt sich übrigens gut spielen, während Sie kochen. Lassen

Sie Ihr Kind probieren, wie und ob selbst gemachte Gewürz-
mischungen schmecken.

Oder geben Sie eine Mixgetränkeparty in der Familie. Wie
schmeckt beispielsweise eine Mischung aus Zitronensaft und
Minzsirup?

Zum Tasten:

1. Es gibt ein altbewährtes Tastspiel, das leider etwas aus der
   Mode gekommen ist. Beleben Sie es neu! Dazu brauchen
   Sie einen Karton und fünf unterschiedliche Gegenstände.
   Ich empfehle Ihnen einen nassen Schwamm, Kartoffelscha-
   len, ein Stück Seife, eine Büroklammer und einen Radier-
   gummi.

Auch der Horizont des Erwachsenen wird durch Wahr-nehmungsspiele erweitert.

Ihr Kind soll jetzt mit verbundenen Augen die Gegenstände ertasten und Ihnen sagen, um was es sich handelt. Sie
können das Spiel auch umfangreicher gestalten und mehr
Gegenstände in den Karton legen.

2. Das folgende Spiel ist für eine Gruppe von mindestens sechs Personen gedacht. Verbinden Sie Ihrem Kind die Augen. Die anderen Mitspieler setzen sich auf den Boden. Das Kind wird kurz um seine eigene Achse gedreht und soll nun die anderen Mitspieler nur durch Tasten mit den Händen identifizieren.

3. Ein besonders schönes Tastspiel, das noch den Nebeneffekt der Entspannung erfüllt, ist das Schreiben auf dem Rücken. Ihr Kind steht oder sitzt vor Ihnen. Sie malen ihm zuerst Buchstaben und später auch Wörter auf den Rücken. Nimmt Ihr Kind wahr, was Sie schreiben? Tauschen Sie ruhig einmal die Rollen; Ihrem Kind macht es sicher viel Freude, auf Ihrem Rücken zu schreiben. Eine schwierigere Variante ist übrigens das Schreiben von Rechenaufgaben auf dem Rücken.

Zum Hören:
1. Ein altes Kinderspiel ist gut zum Hörtraining geeignet. Spielen Sie in einer Gruppe mit mindestens vier Personen. Ein Spieler sitzt mit verbundenen Augen auf einem Stuhl. Unter dem Stuhl liegt ein kleines Präsent, zum Beispiel ein Bonbon. Die anderen Mitspieler versuchen nun der Reihe nach, sich an das Präsent heranzuschleichen. Wenn das Kind auf dem Stuhl etwas hört, muss der „Schleicher" umkehren und der Nächste ist an der Reihe. Wer das Präsent als Erster erreicht, darf danach auf den Stuhl!

2. Das Knisterspiel ist ebenfalls gut geeignet, um das Gehör zu schulen. Spielen Sie es in dieser Version mit Kindern der ersten beiden Grundschuljahrgänge.
Wieder werden dem Kind die Augen verbunden. Sie halten ein Stück Seidenpapier in der Hand und knistern an einem

Ohr des Kindes damit. Das Kind soll jetzt möglichst schnell den Arm an der Seite heben, an der Sie das Geräusch erzeugen.

Mit älteren Kindern spielen Sie ähnlich, erzeugen das Geräusch allerdings nicht mit Papier, sondern mit unterschiedlichen Gegenständen. Das Kind soll erraten, was es hört. Findet es heraus, dass Sie zum Beispiel mit Reis in einem Marmeladenglas gerasselt haben? Erkennt es den Klang von zwei Löffeln, die aneinander geschlagen werden?

Zum Sehen:

Dieses Spiel kann man gut nach dem Abendessen machen, wenn alle noch ein wenig Zeit haben, um am Tisch zu bleiben. Schicken Sie Ihr Kind vor die Tür. Jetzt verändern Sie einiges auf dem Tisch oder an den anwesenden Personen. Stellen Sie eine Kerze in die Mitte, die vorher nicht dort stand. Tauschen Sie vielleicht die Plätze oder die Armbanduhren. Nehmen Sie nicht mehr als fünf Veränderungen vor. Findet Ihr Kind die Unterschiede heraus?

Zum Riechen:

1. Gehen Sie mit Ihrem Kind in den Wald. Lassen Sie es am Waldboden, an Baumrinde, an Pflanzen riechen.
   Wie nennt man diese Gerüche überhaupt? Ihr Kind wird schnell feststellen, dass der Geruchssinn viel mit dem Geschmackssinn zu tun hat.

In der Natur sind die Wahrnehmungen besonders intensiv.

2. Spielen Sie die Schmeckspiele auch einmal als Riechspiele.

Wenn Sie einmal viel Zeit haben, lassen Sie Ihr Kind Steckbriefe der einzelnen Familienmitglieder erstellen. Wie hören sich die einzelnen Personen an? Wie riechen sie? Lassen Sie

Ihr Kind hierzu bildhafte Vergleiche verwenden. Der kleine Bruder klingt vielleicht wie ein Quietschtier, die große Schwester riecht wie Badewasser.

Schritt 16 –
Individuell gesteuerte Wahrnehmung

Die Wahrnehmung wird sehr stark durch die individuelle Einstellung geprägt.

Wie Wahrnehmung im Prinzip abläuft, ist Ihnen und Ihrem Kind klar. Trotzdem gibt es unterschiedliche Ergebnisse, wenn zwei Menschen das Gleiche wahrnehmen. Für Sie ist Eis vielleicht in erster Linie kalt, für Ihr Kind ist es vielleicht vorrangig süß. Was dem einen an Bildern gefällt, lehnt der andere unter Umständen ab.

> Das Urteil, das wir durch die Wahrnehmung bilden, hängt von unserer Einstellung, vom Vorwissen und auch vom Umfeld ab.

So geben wir beispielsweise unseren Kindern die Möglichkeit, das Gute an der Schule wahrzunehmen, wenn wir von unseren positiven Schulerlebnissen berichten. Ebenso verhält es sich aber auch umgekehrt. Wenn wir bei der Einschulung schon den Zeigefinger drohend erheben und irgendetwas vom „Ernst des Lebens" erzählen, wird das Kind die Schule, geprägt durch Angst, weniger positiv wahrnehmen. Das beste Beispiel hierfür ist, dass wir unter Stressbedingungen weniger wahrnehmen als im entspannten Zustand.

Wie nimmt Ihr Kind die Schule wahr? Lassen Sie Ihr Kind genau beschreiben, wie die Schule (oder auch ein bestimmtes Fach) auf seine Sinne wirkt. Es ist eine schwierige Aufgabe, für die Ihr Kind viel Zeit, vielleicht auch mehrere Anläufe, benötigt.

Sie können ihm durch Fragen helfen: Wie würde die Schule schmecken, wenn sie essbar wäre? Wie riecht Schule? Und wenn die Schule reden könnte, wie wäre ihre Stimme? Oder wäre sie nur ein Geräusch?

Sie erfahren in diesem Schritt viel über die innere Einstellung Ihres Kindes. Am Ende dieses Abschnitts erhalten Sie Anregungen, was Sie für eine positive Einstellung Ihres Kindes tun können.

Übung:

Hast du ein Lieblingsfach? Und vielleicht eines, das du weniger magst? Beschreibe die beiden Fächer.

Nutze dabei Wörter, die Sinneswahrnehmungen wiedergeben. Stell dir einfach vor, es wären keine Schulfächer, sondern Darsteller in einem Theaterstück. Ich stelle mir die Beschreibung so vor:

Deutsch blökt mich immer an, wenn der Unterricht beginnt. Es ist schwarz und unfreundlich. Mathe ist wie Vogelgesang, ganz locker und leicht. Es sieht bunt aus wie ein Clown.

Deine Eltern helfen dir, wenn du Schwierigkeiten mit der Beschreibung hast.

Belohnung:

Wenn du deine Stimmung eingetragen hast, darfst du einen Gutschein ziehen.

Die Einstellung verändern

Ihr Kind hat nun Bilder und Figuren entworfen. Vielleicht ist die Schule oder ein bestimmtes Fach ein großes, schleimiges Monster? Dann ist es wichtig, die Einstellung Ihres Kindes zu verändern. Zuerst sollten Sie und auch die anderen Familien-

Ihr Kind hat noch viele Jahre Schule vor sich. Mit einer negativen Einstellung werden diese Jahre zur Qual.

mitglieder darauf achten, nicht negativ über die Schule zu reden, wenn Ihr Kind dabei ist. Dann beginnen Sie mit den weiteren Schritten. Nehmen Sie das Monster als Grundlage. Zeichnen Sie es mit Ihrem Kind gemeinsam auf einen großen Bogen Karton. Jetzt sprechen Sie Ihr Kind auf eine besonders gelungene Weihnachtsfeier oder ein anderes positives Erlebnis an. Für diesen positiven Aspekt erhält das Monster vielleicht einen bunten Luftballon in die Hand oder ein Blümchen ins Haar. So verfahren Sie mit allen positiven Aspekten, die Sie oder Ihr Kind finden können. Etwas ausschließlich negativ zu sehen ist fast immer Folge einer falschen oder unvollständigen Wahrnehmung. Machen Sie das Monster ansehnlich. Ihr Kind wird es dadurch leichter haben.

Diese Übung führt zu einer Bewusstseinsveränderung. Dadurch wird die Schule erträglicher und weniger verkrampft gesehen. Bessere Ergebnisse sind die Folge.

Es ist eine allgemein gültige Erkenntnis, dass Aufgaben besser zu bewältigen sind, wenn eine positive Einstellung zu Grunde liegt.

Die Übung eignet sich übrigens auch für Erwachsene, die an ihrer Arbeitsstelle nur den Feierabend genießen können.

Schritt 17 – Entspannung Teil 2

Im Folgenden lernen Sie drei weitere Möglichkeiten kennen, Ihrem Kind bei der Entspannung zu helfen.

Sicher ist eine Methode dabei, die Ihnen und Ihrem Kind besonders gut gefällt! Üben Sie nicht alles nacheinander, lassen Sie sich mindestens eine Woche Zeit, um die Übungen zu testen.

1. Lesestunde

Die vertraute Stimme von Mutter und Vater zu hören und dabei eine schöne Geschichte vorgelesen zu bekommen ist Balsam und Erholung für die Seele Ihres Kindes. Einmal nicht selbst lesen zu müssen und einfach nur ruhig zuzuhören ist ein Luxus, den sich Ihr Kind verdient hat.

Auch wenn Kinder schon selbst lesen können, bleibt das Vorlesen ein wunderbares und entspannendes Erlebnis.

Wählen Sie eine Geschichte aus, die Ihnen und Ihrem Kind gut gefällt und die Sie mit Spaß lesen können. Es kann auch ein Kapitel aus einem Buch sein, das Ihr Kind gerade liest, oder ein altes Märchen. Vielleicht verfügen Sie auch über ein Buch mit Fantasiereisen zur Entspannung oder leihen sich ein schönes Buch in der Bücherei aus.

Sorgen Sie für eine behagliche Atmosphäre und nehmen Sie sich mindestens 20 Minuten Zeit. Machen Sie es sich mit Ihrem Kind so bequem wie möglich, zünden Sie eine Kerze an.

Vielleicht stellen Sie eine Kleinigkeit zum Essen und Trinken bereit, aber das Essen und Trinken sollen nicht zur Hauptattraktion werden. Achten Sie darauf, nicht durch andere Dinge, wie zum Beispiel Telefonklingeln, gestört zu werden. Natürlich können auch die anderen Familienmitglieder an der Lesestunde teilhaben.

Lesen Sie die Geschichte mit ruhiger Stimme vor und lassen Sie sich Zeit beim Vorlesen.

Ihr Kind kann während der Geschichte bei Ihnen kuscheln. Vielleicht möchte es auch lieber allein in seiner Lieblingsecke sitzen.

Einige Kinder entspannen sich besonders gut, wenn sie nebenbei ein Bild oder Mandala malen können! Bitte legen Sie in diesem Fall angespitzte Stifte bereit.

2. Entspannung mit dem Igelball

Gönnen Sie sich gemeinsam mit Ihrem Kind immer wieder einmal eine Pause.

Nehmen Sie sich für diese Übung ca. 15 Minuten Zeit mit Ihrem Kind. Sorgen Sie für eine ruhige, ungestörte Atmosphäre. Ihr Kind kann sich auf sein Bett legen oder es sich mit einer Isomatte/Wolldecke und Kissen auf dem Fußboden bequem machen.

Führen Sie die Massage mit großen und kleinen Kreisbewegungen im rhythmischen Wechsel aus. Sie können den Druck und die Geschwindigkeit mit dem Igelball variieren und auf die Bedürfnisse Ihres Kindes eingehen. Auch leichte Auf-und-ab-Bewegungen des Igelballs sind sehr angenehm. Wenn möglich, sollte das Kind die Augen schließen, um die Massage besser genießen und den eigenen Körper intensiver wahrnehmen zu können. Das Kind sollte ruhig und gleichmäßig atmen.

Anfangs legt sich das Kind auf den Bauch. Die Arme liegen neben dem Körper.

Rollen Sie mit dem Igelball den Rücken des Kindes hinauf und hinunter; sparen Sie dabei aber die Wirbelsäule aus.

Nach etwa zwei Minuten beginnen Sie mit dem Igelball eine Körperreise, ausgehend von der Handinnenfläche der linken oder rechten Hand.

Führen Sie kleine kreisende Bewegungen aus und verändern Sie immer mal wieder leicht den Druck. Nehmen Sie sich Zeit, die einzelnen Körperpartien mit dem Igelball zu erkunden, und achten Sie dabei auf die Reaktionen Ihres Kindes.

Von der Hand geht es weiter über Unterarm, Oberarm, Schultern, Rücken, Po, Oberschenkel, Unterschenkel bis zum Fuß.

Lassen Sie sich bei der Massage der Fußsohle viel Zeit und üben Sie genügend Druck aus, damit es nicht kitzelt. Rollen Sie den Igelball das Bein wieder hinauf und führen ihn an dem anderen Bein hinunter.

Sind beide Beine massiert, wandern Sie über den Körper des Kindes langsam zu dem zweiten Arm bis zur Handinnenfläche. Sie massieren den Arm wieder hoch und können dann einen Moment lang den Nacken-Hals-Bereich mit dem Igelball massieren. Achten Sie darauf, nicht zu viel Druck auf die Knochen auszuüben. Führen Sie den Igelball über den Kopf Ihres Kindes und, wenn es mag, auch vorsichtig über die freie Gesichtshälfte. Kehren Sie dann langsam zum Ausgangsarm zurück.

Fragen Sie das Kind, an welchen Stellen die Massage besonders angenehm war, und rollen Sie mit dem Igelball an den entsprechenden Stellen noch mal vorbei.

Ihr Kind kann sich anschließend auch auf den Rücken drehen und Gesicht, Arme, Hände, Bauch und Beine werden von der anderen Seite massiert.

Beenden Sie die Massage mit leichten, klopfenden Bewegungen auf Rücken, Armen und Beinen.

Eine weitere Möglichkeit besteht darin, das Kind mit den Händen abzurubbeln. Soll das Kind noch einen Moment ausruhen, kann es am Ende der Igelballmassage einfach still liegen bleiben.

3. Körperreise

Sie benötigen für diese Übung etwa 20 Minuten ungestörte Zeit! Lesen Sie Ihrem Kind diese Entspannungsübung langsam und ruhig vor. Lesen Sie die Geschichte jedoch zuvor einmal für sich allein.

Ihr Kind sollte im Bett oder auf einer Isomatte/Wolldecke auf dem Rücken liegen. Die Arme liegen locker neben dem Oberkörper, sodass das Kind jeden Körperteil gut wahrnehmen und lokalisieren kann. Der Kopf kann auf einem Kissen liegen. Sollte es zu kalt sein, kann sich Ihr Kind mit einer Wolldecke zudecken. Nun lesen Sie Ihrem Kind die Geschichte vor:

Diese Entspannungsübung kann, nicht nur für Ihr Kind, als Einschlafhilfe verwendet werden und schult die Körperwahrnehmung des Kindes. Nach einiger Zeit kann Ihr Kind die Körperreise auch allein durchführen!

79

Wenn man die Konturen des Körpers langsam und gleichmäßig im Geiste umrundet, erlangt man ein tiefes Körperbewusstsein.

Wir wollen jetzt gleich eine Körperreise um deinen Körper machen. Dabei stellst du dir vor, du würdest mit einem Stift oder einem Pinsel, vielleicht auch nur mit deinem Zeigefinger, deinen Körper ummalen. Stell dir genau vor, wie das wohl aussehen würde. Aber erst einmal ist es wichtig, dass du dich ganz ruhig und locker hinlegst. Fühl noch einmal, ob du auch bequem liegst! Deine Beine liegen ganz locker nebeneinander, die Arme liegen neben deinem Körper. Die Schultern liegen ganz locker auf der Unterlage. Wenn dich nichts mehr drückt, kann es losgehen.

Atme dreimal ganz tief in den Bauch ein und wieder aus. Dabei musst du dich gar nicht anstrengen. Und jetzt atmest du einfach ganz normal weiter. Überleg dir noch einmal, in welcher Farbe du deinen Körper umranden möchtest. Gelb, Blau, Rot oder Grün – vielleicht auch eine ganz andere Farbe?

So, jetzt fangen wir an deinem rechten großen Zeh an!

Umzeichne deinen rechten großen Zeh und dann der Reihe nach alle anderen Zehen deines rechten Fußes bis zum kleinen Zeh.

Jetzt male an der Außenseite deines Fußes weiter bis zur Hacke. Um die Ferse herum weiter an der Außenseite bis zum Fußgelenk.

Vom Fußgelenk geht es weiter an der rechten Wade entlang bis zum Knie.

Um das rechte Knie herum zeichnest du weiter an der Außenseite deines rechten Oberschenkels.

Weiter um den Po herum bis zur Taille hoch.

Von der Taille geht es seitlich am Brustkorb weiter nach oben bis in die Achselhöhle.

Jetzt zeichnest du an der Innenseite deines rechten Arms weiter bis in die Ellenbogenbeuge,

von hier aus malst du an der Innenseite deines rechten Unterarmes weiter bis zum Handgelenk.

Um das rechte Handgelenk herum bis zum Daumen der rechten Hand,
dann um den Zeigefinger,
um den Mittelfinger,
um den Ringfinger
und zum Schluss um den kleinen Finger der rechten Hand.
Von hier aus zeichnest du weiter an der Außenseite deiner Hand bis zum rechten Handgelenk.
Um das Handgelenk herum geht es an der Außenseite deines Unterarms weiter bis zum Ellenbogengelenk.
Von hier aus malst du an der Außenseite deines rechten Oberarms weiter bis zur Schulter.
Umzeichne die Schulter und den Nacken bis zum Hals.
Zeichne an der rechten Seite deines Halses hoch bis zum rechten Ohr.
Umrunde das Ohr und verbinde dein rechtes Ohr über den Kopf mit deinem linken Ohr.
Fühl jetzt einmal, wie sich dein Gesicht anfühlt, und atme ganz ruhig ein und aus!
Von deinem linken Ohr geht es weiter an der linken Außenseite deines Halses und an deinen Nacken.
Um die Schulter herum malst du an der Außenseite deines linken Oberarms hinunter bis zum linken Ellenbogengelenk.
Von hier geht es weiter den Unterarm entlang bis zur Außenseite deines linken Handgelenks.
Vom Handgelenk aus malst du bis zum linken kleinen Finger.
Zeichne um den kleinen Finger herum,
dann um den Ringfinger,
den Mittelfinger,
den Zeigefinger,
und um den Daumen der linken Hand.
Vom Daumen geht es zurück zur Innenseite deines linken Handgelenks.

Verbinde das Handgelenk über die Innenseite deines linken Unterarms mit der Ellenbogenbeuge.

Zeichne weiter an der Innenseite deines Oberarmes bis in die linke Achselhöhle.

Von der Achselhöhle geht es an der linken Außenseite deines Brustkorbes hinunter bis zur Taille.

Von der Taille um die linke Seite deines Pos herum bis zum Oberschenkel.

Male an der Außenseite deines linken Oberschenkels hinunter bis zum Knie.

Um das linke Knie außen herum und an der Außenseite der Wade hinunter bis zum linken Fußgelenk.

Zeichne vom linken Fußgelenk um die Ferse herum bis zur Hacke.

Von der Hacke geht es an der Außenseite des linken Fußes weiter bis zum kleinen Zeh.

Umrunde alle Zehen des linken Fußes bis zum großen Zeh.

Zeichne vom großen Zeh zurück an der Innenseite deines linken Fußes bis zur Hacke.

Um die Ferse herum bis zur Innenseite deines linken Fußgelenkes.

Male jetzt vom Fußgelenk an der Innenseite deines linken Unterschenkels hoch bis zum Knie.

Um das Knie herum zeichnest du weiter deinen Oberschenkel entlang bis in den Schritt.

Von hier geht es an der Innenseite deines rechten Oberschenkels hinunter bis zur Innenseite deines rechten Knies.

Umrunde das Knie und male an der Innenseite deines rechten Unterschenkels weiter bis zum rechten Fußgelenk.

Verbinde das Fußgelenk mit der Ferse und umrunde die Hacke deines rechten Fußes.

Zeichne von der Hacke an der Innenseite deines rechten Fußes weiter bis zu deinem Startpunkt am rechten großen Zeh.

Fühl jetzt noch einmal, wie sich dein Körper anfühlt … die Beine, die Arme, der Bauch und das Gesicht. Atme ganz ruhig ein und aus.

Stell dir jetzt vor, du würdest aufstehen und könntest deine gemalte Umrandung betrachten. Geh in deiner Fantasie einmal um deinen eigenen Körperrahmen herum und betrachte ihn von allen Seiten.

Wenn du magst, kannst du jetzt noch einen Augenblick ruhig liegen bleiben und dich ausruhen. Bevor du aufstehst, musst du dreimal ganz tief ein- und ausatmen und dich kräftig recken und strecken, damit du wieder voller Kraft und Energie bist.

Den Körper spüren – das ist Grundvoraussetzung intensiver Wahrnehmung.

Übung:

Die heutige Übung ist in zwei Teile gegliedert. Du benötigst für die einzelnen Übungen nicht viel Zeit, jedoch sollten zwischen Teil 1 und Teil 2 mindestens zwei Stunden Pause liegen.

Bitte jemanden aus deiner Familie, die Zeit zu stoppen, die du für die folgende, ganz einfache Rechenaufgabe benötigst. (Sollte Ihr Kind zu jung für diese Aufgabe sein, erstellen Sie ihm bitte eine leichtere Aufgabe mit einstelligen Zahlen.)

Fang bitte sofort an:

$$48 + 2 + 10 - 8 - 5 - 3 + 17 + 6 - 8 + 9 - 5 + 11 - 69 + 5 + 16 + 24 - 18 + 8 + 6 - 14 + 6 + 8 =$$

Frühestens zwei Stunden später übst du weiter. Bitte wieder jemanden, die Zeit zu messen. Diesmal legst du dich aber vorher auf dein Bett und atmest tief in den Bauch ein und wieder aus. Leg die Hände auf den Bauch und versuch zu fühlen, wie immer wieder neue Kraft in deinen Körper fließt.

Nach etwa zehn Minuten kannst du anfangen zu rechnen:

$$37 + 3 + 15 - 5 - 3 - 4 + 15 + 9 - 7 + 9 - 5 + 11 + 27 + 6 + 13 + 22 - 14 + 6 + 7 - 13 + 9 + 3 =$$

Wenn du dich zunächst gut entspannt hast, sollte dir die zweite Aufgabe leichter gelungen sein als die erste. Auf diese Weise erfährst du, dass ein entspannter Kopf viel besser arbeitet als ein verkrampfter.

Belohnung:
Lass dir einen Igelball schenken. Das sind kleine bunte Gummibälle, die rundherum Stacheln haben. Wenn du diesen Ball beim Lernen in der Hand hältst, die du nicht zum Schreiben brauchst, kann das Anspannungen verhindern helfen!

Schritt 18 – Traumreisen

Traumreisen entführen Kinder in wunderbare Welten; sie fördern die Fantasie und bringen Entspannung.

Traumreisen stammen ursprünglich aus dem autogenen Training. Sie sind gerade für die Entspannungsarbeit mit Kindern gut geeignet, denn sie sind relativ kurz. Das Vorlesen ist für Kinder etwas Vertrautes. Außerdem können auch Eltern, die nicht über Fachkenntnisse in Entspannung verfügen, Traumreisen durchführen.

Lesen Sie eine Traumreise langsam und leise vor. Wenn Gedankenstriche auftauchen, machen Sie an der entsprechenden Stelle eine Pause von etwa drei Sekunden.

Wenn Ihr Kind es wünscht, lesen Sie immer, wenn Sie mit Traumreisen üben, die gleiche Reise vor. Manche Kinder haben eine Lieblingsreise, die sie immer wieder hören möchten. In manchen Fachbüchern wird empfohlen, leise Entspannungsmusik im Hintergrund spielen zu lassen. Ich rate bei Kindern eher davon ab.

Informieren Sie sich einmal im Fachhandel über Traumreisen für Kinder. Es gibt wunderschöne Bücher mit Märchenreisen oder Ähnlichem. Auch im Anhang dieses Buches finden Sie noch weitere Traumreisen.

Am Abend vor einer Klassenarbeit ist es empfehlenswert, eine Traumreise vorzulesen. Dies schafft eine Ergänzung zur stofflichen Vorbereitung des Kindes.

Wenn Sie es aus zeitlichen Gründen nicht schaffen, selbst vorzulesen, versuchen Sie, eine Entspannungs-CD zu finden, die Ihrem Kind gefällt.

Meistens sind dort mehrere Entspannungstexte nacheinander zu hören. Ihr Kind soll aber jeweils nur eine einzige Übung hören. Wenn Ihr Kind Gefallen daran findet, können Sie auch die Körperreise aus Schritt 17 für diesen Zweck verwenden.

Traumreise

Du stehst alleine auf einer großen, grünen Wiese.

Unter deinen Fußsohlen spürst du das Gras.

Du holst tief Luft und atmest ein und aus – ein und aus – ein und aus.

Die Sonne scheint warm und ein ganz leichter Wind weht durch deine Haare.

Dann gehst du ein paar Schritte. Du setzt langsam einen Fuß vor den anderen. Das Gras kitzelt ein wenig unter den Füßen. Überall um dich herum ist es grün. Es duftet nach Sommer und Frische. Du breitest deine Arme weit aus und holst tief Luft. Dann legst du dich flach auf den Rücken in das Gras und schließt die Augen. In Gedanken lässt du einen Apfelbaum wachsen. Er hat einen geraden, kräftigen Stamm. Der Baum breitet seine Zweige weit über dir aus. Das saftige Grün seiner Blätter vor dem Blau des Himmels sieht wunderschön aus.

Du atmest tief ein und aus – ein und aus – ein und aus.

Erste Blüten beginnen sich an den Zweigen zu öffnen. Ein Vogel singt in den Zweigen.

Der Vogel flattert ein wenig und erhebt sich dann in die Luft. In deinen Gedanken verfolgst du seine Kreise am Himmel. Der Vogel fliegt höher und höher. Bald ist er nur noch ein Punkt am Himmel.

Die Sonne wärmt dein Gesicht. Du fühlst dich warm und ruhig. Du atmest tief in den Bauch ein und aus – ein und aus – ein und aus.

Übung:

Heute darfst du deiner Fantasie einmal völlig freien Lauf lassen. Male einen Ort, der dir besonders gut gefällt. Es muss diesen Ort nicht wirklich geben, du darfst ihn dir ausdenken. Wichtig ist nur, dass du dich an diesem Ort besonders gut ausruhen kannst.

Erzähl danach, wie du an diesen Ort gelangst. Beschreib deine eigene Traumreise. Fliegst du, gehst du oder schwimmst du? Wie ist das Wetter auf deiner Reise? Triffst du andere Menschen oder Tiere? Häng das Bild auf. Wenn du das nächste Mal unruhig oder genervt bist, schau dir doch einfach dein Bild an. Dann wird es dir sicher besser gehen.

Belohnung:

Du darfst heute einen Gutschein ziehen.

Vergiss nicht, auch noch deine Stimmung einzutragen!

Schritt 19 – Fitness fürs Gehirn

Das Kind muss wissen, wie sein Gehirn funktioniert und was es für seine Leistungsfähigkeit tun kann.

Für diesen Schritt sind zunächst einige Erklärungen zur Funktionsweise des Gehirns erforderlich. Bitte lesen und besprechen Sie diesen Abschnitt mit Ihrem Kind gemeinsam. Die anschließenden Übungen stellen eine Auswahl dar. Ihr Kind kann nicht alle nacheinander erledigen. Sie können aber immer wieder auf diese Übungen zurückgreifen.

Auf folgende Weise können Sie Ihrem Kind die Funktionsweise und die „Bedürfnisse" seines Gehirns verständlich machen:

Das Gehirn benötigt ebenso Pflege wie der übrige Körper auch, nur leider wird es oft vernachlässigt.

So wie Haarewaschen und Zähneputzen wichtig sind, muss auch dein Gehirn in Ordnung gehalten werden, damit es nicht schlapp wird.

Fangen wir bei der Pflege an!

Die „Pflege" des Gehirns

Zuerst einmal braucht dein Gehirn Unmengen von Flüssigkeit. Am besten ist dazu Wasser geeignet. Zwei Liter Wasser am Tag reichen aus, um den Stoffwechsel im Kopf auf Trab zu halten. Es müssen keine Fitnessgetränke sein.

Achte aber darauf, dass du nicht übermäßig viel schwarzen Tee, Colagetränke oder gar Kaffee trinkst, denn diese Getränke entziehen dem Körper, und damit auch dem Kopf, Flüssigkeit.

Ebenso wie der übrige Körper benötigt auch das Gehirn regelmäßiges Training, um leistungsfähig zu bleiben.

Am besten ist es, wenn du dir angewöhnst, vor der Schule einen halben Liter Wasser oder Früchtetee zu trinken. Vor und nach den Hausaufgaben und abends trinkst du dann nochmals das Gleiche.

Die Italiener haben übrigens eine tolle Gewohnheit: Zum Kaffee, Espresso oder Cappuccino trinken sie ein Glas Wasser als Ausgleich.

Übernimm diese Regel auch für dich, wenn du doch einmal unbedingt Cola trinken willst.

Zusätzlich braucht dein Gehirn noch einige weitere Nährstoffe, die du durch den Verzehr von frischem Obst und Gemüse zu dir nehmen kannst. Neuerdings gibt es Hinweise darauf, dass Omega-3-Fettsäuren beim Denken helfen. Das sind Fettsäuren, die Baustoffe für die Verbindungen der Nervenzellen im Gehirn enthalten. Sie helfen also bei der Verankerung von Informationen im Gehirn.

Es gibt diese Fettsäuren in Form von Lachsölkapseln. Sie kommen auch in frischem Seefisch vor. Auch Olivenöl enthält diese wertvollen Bestandteile.

Und dann braucht dein Gehirn auch noch Schlaf. Der Schlaf vor Mitternacht ist viel wichtiger für die geistige Fitness als der Schlaf am Sonntagvormittag. Natürlich ist es schwer, abends den Weg ins Bett zu finden, weil gerade abends spannende Aktivitäten laufen. Aber wenn du dauernd müde oder träge im Denken bist, hast du selbst vom tollsten Spätprogramm nichts.

Im Schlaf regeneriert sich auch das Gehirn.

Gehirntraining

Zusätzlich zu diesen Pflegetipps für dein Gehirn erkläre ich dir nun, wie das Gehirn trainiert werden kann.

Stell dir einmal vor, du sollst eine Langstrecke laufen. Dein Sportlehrer wird darauf bestehen, dass du dich vorher aufwärmst, die Muskeln lockerst und die Sehnen dehnst.

Wenn du auf das Aufwärmen verzichtest, gehst du das Risiko ein, dich zu verletzen. Dein Körper nimmt durch die hohe Beanspruchung ohne Vorbereitung Schaden. Außerdem kannst du ohne Training auch keine lange Strecke laufen. Sportliche Erfolge werden allmählich aufgebaut und durch langes Training vorbereitet.

Das Gehirn benötigt ebenso Training wie die Muskeln in deinem Körper. Durch das richtige Training kann dein Kopf wahre Höchstleistungen im Denken vollbringen.

Im Folgenden findest du einige Übungen. Such dir die aus, die dir am meisten Spaß machen, und bau sie in deinen Tagesablauf ein. Vieles geht parallel zum Zähneputzen oder während du auf den Bus wartest. Schon fünf Minuten pro Tag bewirken wahre Wunder.

Übung 1:

Sag jeden Morgen beim Zähneputzen das Alphabet rückwärts auf.

Wenn du das auswendig kannst, nützt die Übung allerdings nichts mehr, dann geh einen Schritt weiter.

Übung 2:

Sag das Alphabet in Form von Namen, Städten, Berufen auf, also zum Beispiel Anton, Berta, Carl, Doris, Emil usw. oder Aachen, Berlin, Chemnitz, Düsseldorf …

Auch hier gilt, wie bei allen anderen Übungen, dass du damit aufhören solltest, wenn du die Reihe auswendig kannst.

Übung 3:

Beginn deine Hausaufgaben immer damit, dass du eine Schreibübung mit der linken Hand (für Linkshänder mit der rechten) machst. Schon fünf Zeilen reichen aus, um die betreffende Hirnhälfte wachzurütteln.

Übung 4:

Lies ein kurzes Gedicht oder einen kurzen Text laut rückwärts vor.

Übung 5:

Jetzt kommt eine Übung für Könner! Du kannst sie auch gut mit anderen zusammen spielen. Sicher kennst du das Spiel „Koffer packen". Es funktioniert ähnlich wie Memory, nur im Kopf. Ein Spieler sagt zum Beispiel: „Ich packe in meinen Koffer einen Apfel." Der nächste muss den ersten Gegenstand wiederholen und selbst etwas hinzufügen, also: „Ich packe in meinen Koffer einen Apfel und einen Wecker." Der dritte könnte sagen: „Ich packe in meinen Koffer einen Apfel, einen Wecker und einen Ball."

So geht es immer weiter, bis einer einen Fehler macht.

Viel spannender ist es rückwärts. Wenn du einen Lefpa (Apfel), einen Reckew (Wecker) und einen Llab (Ball) packst, beginnt das Gehirn schon ein wenig zu qualmen.

Schritt 20 – Ideenbilder und Stoffsammlungen

In der Schule erhält das Kind die wichtigsten Informationen zu einem bestimmten Thema. Oft kommt es vor, dass ein Schüler oder eine Schülerin sich besonders stark für ein Thema interessiert. Dieses Interesse ist sehr zu begrüßen, doch es kann leider im Schulalltag meistens nicht befriedigt werden. Wenn Sie erfahren, dass ein Lehrinhalt Ihr Kind besonders fesselt, greifen Sie diesen Impuls für zu Hause auf.

Interesse ist immer ein gutes Zeichen, und es festigt das Wissen, wenn ein möglichst großer Informationspool vorliegt.

Sammeln Sie zu diesem Thema gemeinsam mit Ihrem Kind Stoff. Besuchen Sie die Bibliothek, sehen Sie sich einen Film an. Wenn möglich, suchen Sie auch im Internet nach Informationen zu diesem Sachgebiet. Je stärker sich Ihr Kind damit auseinander setzt, umso besser bleibt das Wissen haften. Beenden Sie ein Thema immer damit, dass das Kind eine Art Vortrag vorbereitet, den es der Familie halten darf. Dies stärkt das Selbstwertgefühl.

Zusätzlich geben Sie Ihrem Kind damit das Gefühl, dass Schule durchaus interessant und spannend sein kann. So wird die Schule aus dem Bereich der lästigen Pflichten teilweise in den Bereich der Hobbys transferiert. Etwas Besseres kann gar nicht passieren.

Übung:

Nimm dir ein Blatt weißes Papier ohne Linien oder Kästchen (DIN A4 oder größer) und farbige Stifte.

Jetzt brauchst du mindestens 30 Minuten Zeit. Leg das Blatt Papier quer. Schreib in einen Kreis in die Mitte das Wort „Lerntraining". Von diesem Kreis aus malst du verschiedene Strahlen in alle Richtungen.

Schreib alles an die Strahlen, was dir zu diesem Thema einfällt. Du sollst nicht nachschlagen und auch niemanden fragen. Schreib einfach auf, was dir im Kopf herumgeht, wenn du an „Lerntraining" denkst. Es können Begriffe wie „Zeitplanung" sein, von denen du dann noch weitere Strahlen abgehen lässt, die „Notreserve" oder „Zeitgewinn" heißen. Du darfst aber auch Gefühle aufschreiben, die du mit dem Lerntraining verbindest. Oder dir fällt etwas ein, was dir gar nicht passend erscheint. Auch das schreibst du auf, du weißt nie, wozu du es gebrauchen kannst.

Schreib möglichst leserlich und nimm dir die Zeit, Farben einzusetzen. Vielleicht möchtest du „Entspannung" aufschreiben und markierst das Wort blau, weil dich die Farbe beruhigt. Oder du schreibst „Collage" auf und markierst das Wort rot, weil du keine Collagen magst.

Auf diese Art entsteht eine Art Bild. Es ist ein Bild deiner Ideen und du kannst jederzeit weiter dran arbeiten. Male vielleicht noch kleine Bilder dazu, benutze unterschiedliche Farben, gib dir viel Mühe. Ein Ideenbild kann aussehen wie ein wunderschönes Kunstwerk. Wenn es fertig ist, häng es auf. Vielleicht spendieren deine Eltern dir einen Rahmen.

Ein Ideenbild erspart Zeit und Korrekturen. Dadurch lernt man ein Thema kennen und ordnet es im Kopf.

Diese Übung hast du gemacht, um zu lernen, wie du dich auf eine schriftliche Arbeit vorbereiten kannst. Es ist zu jedem Aufsatz- oder Referatthema möglich, ein Ideenbild zu erstellen. Bevor ich einen Vortrag oder auch ein Buch schreibe, erstelle ich immer Ideenbilder. Die Arbeit geht mir danach schnell von der Hand, denn ich kenne mich in meinem Thema plötzlich so gut aus wie in dem Stadtteil, in dem ich lebe.

Auf der nächsten Seite siehst du als Beispiel mein Ideenbild zum Thema „Lerntraining".

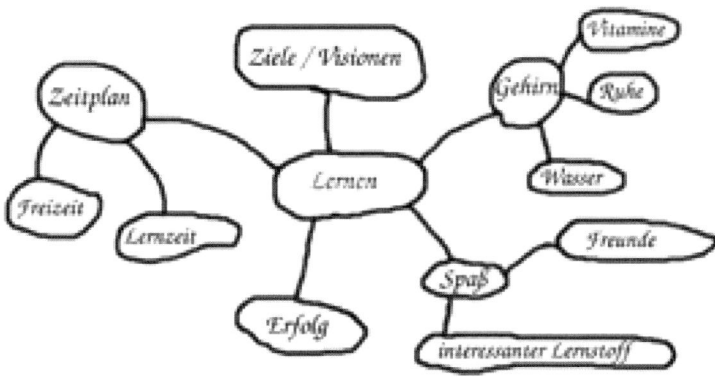

Belohnung:
Ich glaube, jetzt ist es an der Zeit, dass du dir einen DIN-A3-Zeichenblock und gute Stifte aussuchen darfst, um in Zukunft viele Ideenbilder zu malen!

Und noch ein wichtiger Hinweis: Wenn du ein Kapitel dieses Buches wiederholen möchtest, geht das über das Ideenbild besonders gut!

Schritt 21 – Ideenbilder mit der Familie

Heute ist Atmosphäre gefragt. Stellen Sie Kekse und Getränke bereit und nehmen Sie sich viel Zeit. In der nächsten Zeit steht sicher irgendetwas Großes in Ihrer Familie an. Vielleicht Weihnachten oder der Sommerurlaub, ein Familienfest oder eine Renovierung.

Hierzu soll nun jeder ein Ideenbild anfertigen. Besprechen Sie danach Ihre Gedanken. Sie erleben den wunderschönen Nebeneffekt, dass Sie sich als Familie noch besser kennen lernen und vielleicht noch harmonischer planen können als bisher.

Eine besondere Übung und eine Belohnung sind bei diesem Schritt nicht notwendig. Aber das Stimmungsbarometer sollte trotzdem ausgefüllt werden.

Die vierte Woche

Sprachliche Fertigkeiten sind für Lernerfolge, aber auch für die soziale Kompetenz von höchster Bedeutung. Durch viele Übungen lässt sich diese Basisfähigkeit trainieren und langfristig schulen.

Schritt 22 –
Positive Sprache für positive Gedanken

Ein gutes Sprach-vermögen und ein reicher Wortschatz sind Vorausset-zung für differen-ziertes Denken und Mitteilen.

Die Sprache ist eine der bedeutendsten Errungenschaften des Menschen. Durch Sprache können wir Informationen austau-schen. Ohne Sprache könnten wir uns gar nicht weiterentwi-ckeln und unsere sozialen Kontakte wären sehr viel weniger differenziert. Leider häufen sich jedoch die Meldungen darü-ber, dass unsere Sprache verarmt. Bei vielen Kindern werden Sprachstörungen festgestellt, auf den Straßen hört man im-mer häufiger Menschen, die sich nur noch Kurzbefehle „zubel-len". Es gibt Berichte, dass Eltern mit ihren Kindern nur noch durchschnittlich 15 Minuten pro Tag eine Unterhaltung führen.

Die Vorstellung, dass der Wortschatz des Einzelnen immer geringer wird, ist erschreckend. Wenn weniger Wörter zur Ver-fügung stehen, kann man sich weniger gut ausdrücken. Der Einzelne teilt sich weniger mit und bleibt unverstanden. Die Folge sind Depression oder Aggression.

Wir werden jetzt nicht nach dem Schuldigen suchen. Der Computer oder der Fernseher ist nicht schuld daran, dass zu wenig gesprochen wird. Es gibt keinen Zwang, diese Geräte einzuschalten. Die Ursache liegt einzig und allein darin, dass man zu wenig miteinander redet. Und das kann jeder ändern.

Eltern können es zu einem Ritual machen, mit ihren Kin-dern ein Plauderstündchen abzuhalten. Mit jüngeren Kindern macht es Spaß zu palavern, wie es die Indianer getan haben.

Die Verantwortung für die Gesprächskultur einer Fami-lie liegt immer bei den Eltern. Natürlich ist es mitunter schwer, nach einem anstrengenden Tag noch über ir-gendwelche Kinderthemen zu sprechen. Aber es gibt keine andere Möglichkeit, als immer wieder zuzuhören und zu antworten.

Bei etwas sprechfaulen Kindern können Sie ein Ritual erfinden. Die sonntägliche Plauderzeit mit Tee und Obst könnte über Jahre hinweg eine liebe Gewohnheit der ganzen Familie werden.

Helfen Sie Ihrem Kind, das Reden zu lernen. Es gibt nichts Wichtigeres!

Im Folgenden erhalten Sie einige Ausführungen zur Kommunikation mit Kindern. Versuchen Sie immer wieder, den einen oder anderen Hinweis umzusetzen.

1. Lob nutzt mehr als Tadel

Diese Aussage ist Ihnen sicher nicht neu, doch möchte ich Sie Ihnen hier noch einmal ins Gedächtnis rufen. Was passiert, wenn ein Kind eine schlechte Arbeit geschrieben hat? Ich habe schon oft erlebt, dass solche Ereignisse die „Highlights" in Familien bildeten. Immer wieder wurde darauf geachtet, dass das Kind seinen Misserfolg auf keinen Fall vergessen konnte. Die Folge davon ist, dass diesem Misserfolg viel zu große Bedeutung beigemessen wird. Die schlechte Arbeit lastet auf dem Rücken des Kindes wie Ballast, und Ballast bewirkt immer eine Demotivation.

Schuldgefühle und Angst behindern gute Leistungen.

Nehmen Sie sich in der nächsten Zeit vor, stärker die Erfolge Ihres Kindes zu den wichtigsten Angelegenheiten werden zu lassen. So gewöhnt sich das Kind an Erfolge und kann den nächsten Leistungsanspruch mit Zuversicht und Selbstvertrauen angehen.

Natürlich veranlasst gerade die Sorge um den schulischen Erfolg des Kindes die Eltern dazu, Misserfolgen eine hohe Bedeutung zuzumessen. Doch vielleicht hilft Ihnen eine Lebensweisheit norddeutscher Landwirte weiter: „Wer kümmert sich schon um verschüttete Milch?"

Das heißt nichts anderes, als dass Fehler eben nicht rückwirkend zu verändern sind. Bei schlechten Ergebnissen muss der Blick auf die Zukunft gerichtet werden. Ihr Kind braucht Hilfe, Zuspruch, Entspannung und vor allem Selbstvertrauen.

2. Gefühle bieten wichtige Informationen

Denken Sie einmal darüber nach, wie viele Informationen Sie Ihrem Kind täglich geben. Auch Ihr Kind wird Ihnen immer wieder etwas erzählen wollen. Doch es ist auch wichtig, dass die Gefühlswelt Ihres Kindes wach gehalten wird. Diese Erfahrungsebene darf im Hinblick auf den schulischen Erfolg auf keinen Fall unterschätzt werden.

Teilen Sie Ihrem Kind daher regelmäßig mit, wie Sie sich fühlen. Auch Gefühle wie Trauer oder Wut darf ein Kind erfahren. Es fühlt sich ernst genommen, Stressfaktoren lassen sich minimieren, das Gehirn wird großflächig angesprochen. Stellen Sie sich vor, wie belastet ein Kind ist, das in der Schule ständig denkt: „Warum hatte Mama heute so verweinte Augen?"

Natürlich gilt das auch andersherum. Fragen Sie Ihr Kind regelmäßig, wie es sich fühlt. Was empfindet es, wenn ein Mitschüler es geschlagen hat? Wie fühlt es sich, wenn es gut vorbereitet in die Schule gehen kann? Welche Gefühle verbindet es mit der bevorstehenden Zeugnisausgabe? Was fühlt es, wenn Sie krank sind?

> Über Gefühle zu sprechen heißt, negative Gefühle frühzeitig abbauen zu können.

Das Kind lernt dadurch für den Rest seines Lebens, sich als Ganzheit zu begreifen, nicht Leistungsmaschine zu sein. Und es wird Ihnen dadurch danken, dass es später widerstandsfähiger gegen Ersatzbefriedigungen wie Sucht oder Aggression durchs Leben geht.

Übung:

Im Endspurt dieses Buches geht es um das Sprechen, genauer gesagt um das positive Sprechen. In unserer Welt wird viel gejammert, geschimpft, geklagt. Mach doch einfach einmal alles anders. Beantworte bitte schriftlich die folgenden Fragen:

Wichtig ist es, seine Gefühle und Meinungen genau ausdrücken zu können.

1. Was war das Schönste, was du in der letzten oder in dieser Woche erlebt hast?
2. Was ist die beste Eigenschaft deiner Mutter?
3. Was magst du an deinem Freund besonders?
4. Was isst du am liebsten?
5. Auf welche Leistung von dir bist du besonders stolz?
6. Wer ist dein Lieblingslehrer und warum?
7. Welches Schulfach magst du am liebsten?
8. Worauf freust du dich zurzeit sehr?

Jetzt hast du sicher viele schöne Gedanken gehabt und deine Stimmung sollte besser sein als vor dieser Übung. Natürlich könnte man auch gegenteilig fragen. Welcher Lehrer ist besonders doof? Was stört dich an deinem Freund am meisten? – Merkst du, wie deine Laune sofort schlechter wird?

Das liegt an deinem Gehirn. Wir übernehmen immer die Stimmung unserer Gedanken. Deshalb ist es wichtig, positive Gedanken zu haben und sie auch positiv auszudrücken.

Wie fühlst du dich, wenn du hörst, dass du gestern einen großen Fehler gemacht hast? Sicher nicht ganz so gut. Aber stell dir vor, du hörst, du hättest gestern eine große Erfahrung gemacht, etwas Wichtiges gelernt. Obwohl damit das Gleiche gemeint sein kann, fühlst du dich weniger schlecht.

Noch ein Beispiel: Erwachsene werden nicht gern alt, lieber reif. Frag mal deine Eltern, warum das so ist.

Es gibt eine Kettenreaktion, die in der folgenden Zeichnung dargestellt ist. Sie zeigt den Zusammenhang zwischen positiven Gedanken, positiver Sprache und Erfolg.

Besprich diese Zeichnung mit deinen Eltern und such eines oder mehrere Beispiele.

Belohnung:
Nach dem Abendbrot bleibt ihr heute etwas länger gemeinsam sitzen und spielt das „Komplimentespiel". In meiner Familie haben wir es über viele Jahre hinweg gespielt und viel Spaß dabei gehabt.

Es ist schön, den Blick einmal bewusst auf die guten Seiten seiner Mitmenschen zu richten.

Du beginnst. Mach einem Familienmitglied ein Kompliment. Der andere soll sich dafür bedanken. Dann sucht er jemanden aus, dem er etwas Nettes sagen kann. Spielt mindestens so lange, bis jeder zweimal an der Reihe war.

Lasst auch die Jüngeren nicht aus; es ist nicht schlimm, wenn sie sich nicht genau an die Regeln halten.

Durch dieses Spiel bekommt man einen besseren Blick für das Gute, das jeder Einzelne tut, und man mag seine Mitmenschen auf einmal viel lieber leiden als zuvor.

Du kannst das Komplimentespiel auch einmal mit deinen Freunden spielen.

Tipp 1: Wenn es einmal Krach mit deinen Freunden gibt, weil einer von ihnen ständig schlecht gelaunt ist, mach diesem ein freundliches Kompliment. Du wirst eine Überraschung erleben.

Tipp 2: Wenn du einmal einen besonders schlechten Tag hattest, schreib drei Dinge auf, die gut gelaufen sind.

Es gibt keine?

Du schaust nur nicht richtig hin. Aber gut, dann schreib drei schöne Dinge auf, die in der Zukunft auf dich warten.

Siehst du, jetzt lächelst du schon ein bisschen!

Schritt 23 – Ich-Botschaften

*Nicht, was „man"
tut oder nicht tut,
ist wichtig für das
Kind, sondern
Ihre persönliche
Meinung.*

Die Eltern sind das Vorbild des Kindes und gehören zu den interessantesten Personen in seinem Umfeld.

Ihre Meinung hat für Ihr Kind große Bedeutung. Diesen Einfluss sollten Sie nutzen. Formulieren Sie daher, wenn möglich, Ich-Botschaften.

Betrachten Sie die beiden folgenden Sätze:

„Wer sich in der Schule nicht anstrengt, aus dem wird später nichts", oder:

„Ich wünsche mir sehr, dass du später Erfolg im Leben hast, und halte es deshalb für wichtig, dass du in der Schule gut lernst."

Der erste Satz ist sinnlos. Erstens fühlt sich das Kind nicht wirklich angesprochen, denn der Satz ist nicht persönlich formuliert. Außerdem ist er falsch, denn es gibt zu viele Gegenbeispiele von schlechten Schülern, die später Karriere gemacht haben.

Der zweite Satz zielt auf Ihr Kind und teilt ihm etwas Persönliches über Sie als Sprecher mit. Das Kind muss zuhören und über das Gehörte nachdenken. Schließlich kann es Ihren Wunsch nicht ignorieren.

Überlegen Sie sich, was Sie sagen wollen, wenn Sie Ihr Kind kritisieren oder ermahnen möchten. Meinen Sie wirklich, dass man nicht mit Schuhen auf das Sofa klettert? Ist es nicht eher egal, was man tut? Ihnen geht es doch darum, dass Ihr Kind keine Flecken aufs Polster machen soll, weil Sie es nicht ständig reinigen wollen. Es ist Ihr gutes Recht zu sagen: „Mir ist es lästig, wenn ich deine Flecken aus der Couch reiben muss."

Es ist Ihrem Kind egal, was „man" macht, aber es möchte Ihnen sicher nicht zusätzliche Arbeit machen.

Ich-Botschaften sind auch dann sinnvoll, wenn Sie über Ihr Kind sprechen möchten. Statt „du kommst immer zu spät

nach Hause" ist es sinnvoller zu sagen: „Ich erwarte, dass du pünktlich bist."

Auf den ersten Satz wird Ihr Kind, zumindest in Gedanken, antworten: „Das stimmt gar nicht, das ist übertrieben."

Der zweite Satz beinhaltet eine klare Aufforderung und ist viel schwerer zu überhören.

„Du störst mich immer, wenn ich telefoniere" ist eine völlig überflüssige Verletzung. „Ich möchte jetzt gerne 30 Minuten Ruhe haben" klingt dagegen freundlicher und offener.

Mit Ich-Botschaften werden Sie immer mehr erreichen als mit anderen Aussagen. Und Sie ermöglichen Ihrem Kind, Ihnen näher zu kommen. Ich-Botschaften lassen Ihre Persönlichkeit erkennen, eine wichtige Voraussetzung für eine dauerhaft gute Gesprächsbasis zwischen Eltern und Kindern.

Übung:
Formuliere drei Sätze, die mit „ich" anfangen und etwas über dich aussagen. Nimm dafür Aussagen, mit denen du dich beschweren oder jemanden kritisieren wolltest. Aus „mein kleiner Bruder stört mich beim Spielen" wird „ich wünsche mir mehr Zeit, um ungestört in meinem Zimmer zu spielen".

Und aus „mein Freund kommt immer zu spät zum Spielen" wird „ich bin traurig, wenn ich auf meinen Freund warten muss".

Belohnung:
Du darfst einen Gutschein ziehen.

Schritt 24 – Wer nicht fragt, bleibt dumm

Fragen und Teilnehmen an den Meinungen und Interessen des anderen ist die Voraussetzung für eine gute Beziehung.

Fragen will gelernt sein. Fragen regt das Denken an, Fragen erhöht den Mut Ihres Kindes. Fragen Sie Ihr Kind nach seinen Gefühlen und nach seinen Meinungen. Fragen Sie es nicht nur nach dem Inhalt von Fernsehsendungen, sondern auch nach seiner Meinung dazu. „Das war toll!" – Fragen Sie, warum.

Erzählen Sie ihm Ihre Auffassung, aber lassen Sie am Ende beide Meinungen gleichberechtigt nebeneinander stehen. Ihr Kind soll das Gefühl bekommen, dass es erlaubt ist, eine andere Meinung zu haben.

„Ich will nicht!", sagt Ihr Kind? Lassen Sie sich Gründe nennen und versuchen Sie, Verständnis zu zeigen. Aber trotzdem: Was sein muss, muss sein. Ihr Kind kann lernen, dass es seine Meinung haben soll. Es muss aber auch lernen, dass es seine Meinung nicht immer durchsetzen kann.

Fragen Sie nicht nur Informationen ab, sondern auch Gefühle. Und informieren Sie im Gegenzug nicht nur, sondern teilen Sie Gefühle mit. So wird das Vertrauen zwischen Ihnen und Ihrem Kind gestärkt.

Übung:

Fragen stellen macht schlau. Aber es muss trainiert werden. Überwinde dich in der Schule, deinen Lehrer zu fragen, wenn du etwas nicht verstanden hast. Schreib dir während des Unterrichts und bei den Hausaufgaben die Fragen auf, die du gern stellen möchtest. Fragen zu notieren macht Sinn, weil man sie sonst vergisst.

Such dir für deine Fragen allerdings den passenden Moment aus. Stell dir auch selbst Fragen. Wenn du eine schriftliche Arbeit verfassen sollst, etwa einen Aufsatz oder ein Referat, beantworte nach oder vor dem Ideenbild die folgenden Fragen:

Wer? Wo? Was? Wann? Wodurch? Warum? Wie lange?

Schreib dir die Fragen auf ein Blatt Papier und verziere es. Häng es als Poster über deinen Schreibtisch.

Belohnung:

Stell heute Abend jedem aus deiner Familie eine andere Frage zu seiner Person. Wenn du Fragen stellst, zeigst du Interesse, und das hinterlässt sowohl in der Schule als auch außerhalb immer einen guten Eindruck.

Schritt 25 – Überzeugend argumentieren

Vielen Kindern fällt es schwer, Argumente für das zu finden, was sie ausdrücken wollen. Sie haben das Gefühl, wir Erwachsenen könnten ihre Gedanken lesen, also sparen sie sich oft das Sprechen.

Sie helfen Ihrem Kind, indem Sie besonders häufig „Warum?" fragen:

Argumentieren können ist eine unerlässliche Voraussetzung für soziale Kompetenz.

105

„Warum möchtest du fernsehen?"

„Warum magst du keine Tomatensoße?"

Akzeptieren Sie keine Ausflüchte. Ihr Kind soll lernen, sich möglichst genau auszudrücken. Das ist harte Arbeit. Für die soziale Kompetenz ist diese Fähigkeit allerdings unerlässlich.

Übung:

Heute sollst du versuchen, deine Eltern von etwas zu überzeugen. Hast du Lust, ins Kino zu gehen? Oder möchtest du eine Eisdiele besuchen? Wenn du drei gute Gründe dafür findest, die deine Eltern überzeugen, hast du gewonnen und dein Wunsch wird erfüllt.

Gute Gründe sind aber nicht nur Gründe, die dich interessieren. Finde Gründe, die deinen Eltern schmackhaft machen, was du vorhast. Wenn du zum Beispiel auswärts frühstücken möchtest, könnte ein Grund für deine Eltern sein, dass dann die Küche sauber bleibt. Das wäre doch toll, oder?

Wenn du jemanden von etwas überzeugen willst, musst du dich auf ihn einstellen. Bring deine Eltern zum Lächeln. Dann sind sie viel eher einverstanden. Erkläre ihnen, warum dein Vorhaben für alle wichtig ist. Vielleicht sollten sie mit dir ins Kino gehen, weil sie selbst schon lange nicht mehr im Kino waren?

Belohnung:

Heute erhältst du deine Belohnung automatisch, wenn du die Übung gut durchgeführt hast.

Schritt 26 – Sprachliche Kreativität fördern

Sprachliche Kreativität bedeutet, sich abwechslungsreich und interessant ausdrücken zu können. Hierfür findest du im

Folgenden wieder einige Übungen, die aber nicht alle heute gemacht werden müssen. Es geht darum, den Wortschatz zu erweitern, Umschreibungen zu finden und abwechslungsreich zu erzählen.

Wer sich einfallsreich ausdrückt, findet Gehör und kann sein Anliegen oft durchsetzen.

Auch im Deutschunterricht werden solche Übungen gemacht.

1. Umschreibungen finden

Stell dir vor, du besuchst einen Marsmenschen. Er kennt keine Autos. Wie erklärst du ihm, was ein Auto ist?

Du darfst bei deiner Erklärung nicht die Wörter „fahren" und „Lenkrad" benutzen. Beginne etwa so: Es ist eine Kiste aus Blech. Menschen können in die Kiste hineinklettern. An jeder Ecke ist unten ein runder Gegenstand angebracht.

Verfahre genauso mit dem Wort „Haus" (du darfst „Tür", „Fenster" und „Dach" nicht benutzen) und mit dem Wort „Mittagessen".

2. Wortgruppen sammeln

Menschen bewegen sich auf unterschiedliche Art und Weise. Sie schleichen, klettern, gehen, kommen, robben …

Wie viele Wörter findest du noch?

Wie sieht es mit verschiedenen Wörtern für „sprechen" aus?

3. Erzähle eine kurze Geschichte, in der die folgenden drei Wörter vorkommen:
a) Biene – Hund – Wald
b) Ball – Zaun – Schlittschuh

4. Versuche einmal Sätze zu bilden, in denen jedes Wort mit dem gleichen Buchstaben beginnt.

Zum Beispiel: „Blaue Bären brauchen bunte Bälle."

Oder „Der Dachs darf den Dackel drücken."

Die Sätze ergeben manchmal keinen Sinn, sie sind eher komisch. Geh das ganze Alphabet durch!

Belohnung:

Zur Belohnung darfst du entweder einen Gutschein ziehen oder dir ein gutes Buch schenken lassen.

Vergiss den Eintrag im Stimmungsbarometer nicht.

Schritt 27 – Fast fertig, und jetzt?

Die Bedeutung der Eltern für das Durchhaltevermögen ihrer Kinder kann nicht genug betont werden.

Ihr Kind hat in den letzten Wochen sehr viele neue Informationen aufgenommen. Und Sie fühlen sich vielleicht schon wie ein professioneller Lerntrainer. Doch eigentlich geht die Arbeit jetzt erst los. Jetzt heißt es, das Gelernte regelmäßig anzuwenden. Sie werden in den kommenden Monaten noch oft durch dieses Buch blättern und Ihre Techniken immer wieder verfeinern.

Bieten Sie Ihrem Kind Unterstützung. Überfordern Sie es auch dann nicht, wenn Zeugnisse anstehen. Die beste Erfahrung, die Ihr Kind aus diesem Training mitnehmen kann, besteht darin, lebenslang Freude am Lernen zu haben. Nur so wird es den Anforderungen der modernen Gesellschaft gewachsen sein.

Es ist wichtig, dass auch Sie als Eltern eines oder mehrerer Schulkinder das Lernen in Ihren Tagesplan aufnehmen.

Sicher sehen Sie ohnehin die Hausaufgaben hin und wieder durch und hören Vokabeln ab. Wichtiger ist allerdings, dass Sie Ihr Kind immer wieder daran erinnern, sich zu überlegen, welche Lernstrategie es anwenden muss.

Überlegen Sie nun einmal bewusst, welche Impulse Sie regelmäßig in Ihren Familienalltag aufnehmen wollen. Und denken Sie immer daran: Lernen ist Übungssache, es ist noch kein Meister vom Himmel gefallen.

Und noch etwas: Belohnen Sie sich. Bisher wurde nur Ihr Kind belohnt, aber auch Sie haben Arbeit und Mühe. Es ist nur fair, wenn auch Sie sich versprechen, sich zu belohnen, wenn Sie wieder eine Woche lang liebevoll und konsequent mit Ihrem Kind trainiert haben.

Jetzt geht es erst richtig los, denn: Steter Tropfen höhlt den Stein! Das gilt vor allem fürs Lernen.

Übung:

Im Folgenden sind die Aufgaben zusammengestellt, die du immer wieder trainieren musst, um ein Lernprofi zu werden und zu bleiben.

Diese Aufgaben nimmst du bitte in deine Tagespläne auf. Wahrscheinlich brauchst du dazu die Hilfe deiner Eltern.

- Zeitplan — täglich
- Aufwärmübung für das Gehirn — fünf Minuten pro Tag
- Entspannung — dreimal wöchentlich je 15 Minuten
- Strategieplanung — einmal pro Woche etwa 15 Minuten
- Vision anschauen oder neu entwerfen — etwa alle zehn Tage
- Ideenbild — vor Klassenarbeiten und vor Aufsätzen und Referaten
- Ermittlung deiner Leistungsgrenzen — einmal im Vierteljahr
- Komplimentespiel — einmal pro Woche
- positive Gedanken notieren — immer, wenn nötig

Du siehst, du musst täglich gar nicht viel Zeit aufwenden. Du wirst dabei sicherlich nicht überfordert sein.

Erinnere dich immer wieder ganz bewusst daran, was du in den vergangenen Wochen gelernt hast. Du wirst es in deinem Leben immer wieder benötigen. Vieles, sogar die spätere Ausbildung oder das Studium, wird schneller funktionieren, wenn du weißt, wie du richtig lernst.

Belohnung:
Es liegt sicher noch ein Gutschein für dich bereit!

Schritt 28 – Plan gestalten

Entwerfen Sie in diesem Schritt mit Ihrem Kind gemeinsam einen Plan, in den die Aspekte des letzten Schrittes aufgenommen werden. Lassen Sie sich bei der Gestaltung viel Zeit und schmücken Sie den Plan mit Farben, Aufklebern oder Ähnlichem aus. Dieser Plan sollte so aufgehängt werden, dass die ganze Familie ihn sehen kann.

Schreiben Sie eine Art Verpflichtung, aus der hervorgeht, dass Sie sich als Eltern genauso an den Plan halten werden wie Ihr Kind. Bevor sich das Schema nicht gefestigt hat, darf es keine Ausnahmen geben. Erfahrungsgemäß wird dies mehrere Monate dauern.

Die Ferien sind übrigens übungsfrei – Komplimentespiel, Entspannung und positive Gedanken sollten jedoch in dieser Zeit beibehalten werden.

Vielleicht erfinden Sie ein Belohnungssystem. Jeder Tag, an dem der Plan eingehalten wird, bringt einen Punkt.

Ein Tag, an dem es nicht klappt, weil das Kind das Üben versäumt, führt dazu, dass ein Punkt abgezogen wird. Und ein Tag, an dem Sie als Eltern den Plan verhindert haben, bringt dem Kind zwei Punkte. Bei zehn Punkten gibt es eine kleine Überraschung.

Übung:
Besprich mit deinen Eltern, wie es weitergehen soll. Einigt euch auf eine bestimmte Art des Lernens in der Familie. Und dann versucht, einen Weg zu finden, wie ihr euch auch sicher daran haltet. Wenn ihr diese Regeln allerdings einmal nicht einhalten könnt, ärgert euch nicht. Versucht es einfach immer wieder von vorn. Das Einzige, was nicht passieren darf, ist, dass ihr alle miteinander aufgebt.

Belohnung:
Belohnt euch heute mit einer Aktion, an der ihr alle Spaß habt.

Lösungen

Gehirnjogging in Schritt 14:
1. Erste Reihe: 13 28 33
   Zweite Reihe: 29 15 8

Kettenaufgaben aus Schritt 17:
1. Aufgabe: 17
2. Aufgabe: 139

2. Ampel
   Amsel
   Blumen
   Butter
   Kaninchen
   Kanne
   Kante
   Kuchen
   Kutter
   Lampe
   Milch
   Mutter

   Die Reimwörter lauten: Butter, Kutter, Mutter

3. Lisa wohnt im dritten Haus von links in der zweiten Reihe von oben.

4. Der Text lautet:
   Das Gehirn freut sich über jede neue Aufgabe. Sogar nachts arbeitet es.
   Dafür muss es aber ausreichend Futter bekommen. Futter für das Gehirn sind Obst, Nüsse und ganz viel Wasser.

5. Clowns, Karneval, Maske, Musik, Tombola, Narren

```
D F J U G U T L B W E C L O W N S
T O M B O L A K J G E V M F K G K
S F K S B F K A L S F B D K S B K
V K X V B K D R S F K F K K F L N
L B D K G L B N L K G G F L F G E
Y D L G Y D D E M U S I K D S B R
S F S B S K S V S B K F K S B L R
Y E L W Y E M A S K E G L A G L A
S Y L F S Y L L S S B Y F L Y S N
```

6. 8-mal versteckt sich hier die Zahl 19: 5-mal waagerecht und 3-mal senkrecht.

```
8 1 9 4 0 8 4 0 8 4 0 5 7 7 9 1 0
9 8 7 6 3 9 5 7 6 2 1 0 3 5 4 6 4
4 5 8 7 6 5 4 6 4 6 9 1 6 4 1 3 4
4 6 7 4 6 8 5 1 9 3 6 6 5 7 4 4 6
5 1 9 7 8 8 2 9 1 9 4 6 8 5 1 9 6
5 6 4 6 5 2 3 5 7 6 3 4 1 6 9 6 3
```

7. Die Fische ergeben den Satz: Das Gehirn liebt die Arbeit.

8. Die Kinder heißen Kevin, Luise, Robert, Julia, Lars.

Weitere Anregungen für Spiel und Spaß beim Lernen

Im Folgenden finden Sie weitere Übungen für die Wahrnehmungsschulung und das Konzentrationstraining. Außerdem sind noch einige Traumreisen angefügt, denn auch in der Entspannung lieben Kinder die Abwechslung. Vielleicht ist unter den Spielen eines, das sich zum Lieblingsspiel für Sie und Ihr Kind entwickelt. Sie können jedes Spiel so oft wiederholen, wie es Ihnen gefällt, und außerdem sind Ihrer Fantasie bei der Abwandlung keine Grenzen gesetzt.

Auch im Alltag lassen sich bei vielerlei Gelegenheiten Wahrnehmung und Konzentration schulen.

Achten Sie aber auch im Alltag auf Gelegenheiten, die Entwicklung des Gehirns Ihres Kindes zu fördern und zu fordern. So können Sie am Tag nach dem Besuch im Zoo zum Beispiel testen, wie viele Tierarten sich das Kind merken konnte. Eine Fahrt auf der Autobahn ist weniger langweilig, wenn Sie mit Ihrem Kind zählen, wie viele rote, blaue und weiße Autos Sie in einer Stunde an sich vorbeifahren sehen.

Besonders wichtig ist jedoch immer der spielerische Charakter der Übungen. Wenn Ihr Kind das Gefühl bekommt, mit den Aufgaben nur noch eine weitere Pflicht zu haben, wird es bald den Spaß verlieren und widerwillig oder gar nicht mehr üben. Dadurch verliert es vielleicht für lange Zeit die Freude am Denken und am Lernen.

Sie unterstützen Ihr Kind, wenn Sie zeigen, dass auch Sie Freude an geistiger Beschäftigung haben. Und letztendlich profitieren auch wir Erwachsenen davon, denn wir hoffen doch alle auf lebenslange geistige Fitness.

Spiele, die die Wahrnehmung schulen

1. Die Fotosafari

Eine wunderschöne Aktion für Eltern und Kinder ist die Foto-safari. Sie lässt sich bei jedem Wetter durchführen. Benötigt werden nur ein Fotoapparat und Zeit in der freien Natur. Schon der nächste Spaziergang oder Ausflug eignet sich zur Durch-führung.

Sie werden er-staunt sein, wie viele natürliche Kunstwerke sich im Stadtpark am Wegesrand verbergen.

Eine Fotosafari ist denkbar einfach. Jeder Teilnehmer be-kommt den Spielverlauf vorab erklärt. Zuerst halten sich alle einige Zeit in der Natur auf und jeder betrachtet seine Umge-bung intensiv. Es gilt, innerhalb einer festgelegten Zeit (etwa 15 Minuten) drei besonders schöne Fotos zu machen. Hierfür sucht sich jeder Mitspieler Motive aus, die besonders reizvoll sind und von den anderen vielleicht nicht auf den ersten Blick wahrgenommen werden. Besonders interessant sind geformte Äste, Pflanzen, die aus Mauern wachsen, oder Insekten, die ihre Arbeit verrichten. Aber auch ein Baumstamm, in dem ein Drachenkopf zu erkennen ist, oder eine Spinne genau in der Mitte eines wunderschönen Netzes sind lohnende Motive.

Jeder darf eine bestimmte Anzahl Fotos machen. Bitte ach-ten Sie darauf, dass die Mitspieler sich die Nummer der Bil-der auf dem Film merken, damit später klar ist, wer welches Motiv abgelichtet hat. So kann nach der Entwicklung ein Sie-ger gekürt werden, der vielleicht sogar einen Preis für sein Foto erhält. Oder es wird eine Pinwand an einer zentralen Stel-le der Wohnung angebracht, wo alle Fotos für eine gewisse Zeit ausgestellt werden. Die Bilder können auch gesammelt und in Form von Kalendern als Weihnachtsgeschenk Groß-eltern oder Freunde überraschen.

Die Fotosafari eignet sich übrigens auch für Kindergeburts-tage. Nach der Entwicklung des Films erhält jeder Gast sein Foto als Erinnerung an den schönen Tag.

Dieses Spiel lädt dazu ein, den Blick für Kleinigkeiten und Alltagsdinge zu schärfen. Bei regelmäßigem Üben verändert sich die Wahrnehmung, sie wird intensiver und genauer im Detail.

2. Detektivspiel

Detektive müssen eine besonders gute Wahrnehmung haben. Das gilt auch für Schüler. Gehen Sie mit Ihrem Kind in einen Raum, der Ihnen beiden unbekannt ist. Eine Gaststätte oder eine Eisdiele eignen sich ebenso wie eine Bibliothek oder ein Zimmer in der Wohnung eines neuen Bekannten. Halten Sie sich ungezwungen etwa 30 Minuten in diesem Raum auf. Nach etwa einer Stunde wird die Aufgabe formuliert. Das Kind soll aufschreiben, wie viele Fenster der Raum hatte, wie das Möbelstück an einer bestimmten Stelle aussah, welche roten, blauen, weißen Gegenstände sich dort befanden.

Formulieren Sie selbst Fragen, die Sie Ihrem Kind stellen können.

Das Detektivspiel lässt sich auch gut mit mehreren Kindern als Wettspiel gestalten.

Es ist möglich, das Spiel zu variieren, indem Sie einen Raum in Ihrer eigenen Wohnung ein wenig umgestalten. Tauschen Sie einfach Dekorationsgegenstände aus und hängen Sie vielleicht ein Bild ab. Lassen Sie Ihr Kind die Unterschiede suchen.

3. Suchbilder selbst gemacht

Suchbilder stellen für Kinder eine beliebte Herausforderung dar.

Eine sehr beliebte Rätselart für Kinder sind Suchbilder. Dabei wird eine Zeichnung zweifach abgebildet, und auf dem zweiten Bild gibt es Unterschiede zum ersten Bild.

Sie können diese Rätsel leicht selbst herstellen. Kopieren Sie Seiten aus einem Malbuch und verdecken Sie mit Tipp-Ex oder Ähnlichem kleine Details. Dann wird die bearbeitete Seite noch einmal kopiert. Ihr Kind kann jetzt die Unterschiede zum Original suchen. Natürlich können Sie auch Kleinigkeiten hinzufügen, je nachdem, wie es Ihr zeichnerisches Geschick erlaubt.

Wenn Sie gut mit dem Zeichenprogramm des Computers umgehen können, können Sie solche Suchbilder mit wenig Zeitaufwand auch selbst erstellen.

Aus eigener Erfahrung mit meinen Kindern möchte ich Ihnen zudem noch das Spiel „Differix" aus dem Ravensburger Verlag empfehlen. Es eignet sich hervorragend, um die Wahrnehmung zu schulen. Selbst für Erwachsene stellt dieses Spiel noch eine Herausforderung dar.

4. Das Herbarium

Kinder können in der Natur endlos viele Neuentdeckungen und Veränderungen aufspüren. Nutzen Sie einmal den Sommer, um mit Ihrem Kind ein Herbarium anzulegen. Dieses Vorhaben wird sich über mehrere Monate hinziehen und Ihnen bis in die kalten Wintertage hinein Freude bereiten.

Die besten Möglichkeiten, die Wahrnehmung zu schulen, bietet die Natur.

Sammeln Sie auf Ihren Spaziergängen Pflanzen. Pflücken Sie nicht nur Kulturpflanzen, sondern vor allem auch Kräuter und so genannte Unkräuter. In einem Pflanzenlexikon können Sie gemeinsam mit Ihrem Kind die Namen und die Bedeutung der Pflanzen nachschlagen.

Legen Sie die gesammelten Pflanzen zwischen Pergamentpapierbögen und pressen Sie die Pflanzen mindestens vier Wochen. Im Herbst kleben Sie die Pflanzen auf weiße DIN-A4-Blätter und beschriften sie mit Name, Funddatum und Fundort. So können Sie die Sammelstücke abheften. Wenn Sie zusätzlich Prospekthüllen verwenden, haben Sie länger Freude am Ergebnis.

Herbarien lassen sich auch von Fundstücken vom Urlaubs- oder Ausflugsort anlegen. Wer einmal an einem Herbarium gearbeitet hat, wird danach wacher und aufmerksamer die Natur erleben können.

Eine weitere Verwendungsmöglichkeit für die getrockneten Pflanzen sind Glückwunschkarten, Kalenderblätter oder Collagen.

5. Das Kräuterprotokoll

Kaufen Sie Samen von mindestens fünf verschiedenen Kräutern. Säen Sie diesen mit Ihrem Kind gemeinsam in einem Pflanzkasten auf der Fensterbank aus. Bitten Sie Ihr Kind, ein Protokoll über die Entwicklung der Samen zu erstellen. Dafür werden täglich alle Veränderungen notiert. Wenn Ihr Kind die Wachstumsphase der Kräuter beobachtet hat, können Sie abschließend Geschmacks- und Geruchsproben mit Ihrem Kind durchführen.

Vielleicht darf Ihr Kind die Kräuter selbstständig weiter pflegen. Das schult zusätzlich sein Verantwortungsgefühl und stärkt sein Selbstbewusstsein. (Bei Grundschülern ist es den Eltern noch gestattet, die Pflanzen heimlich vor dem Vertrocknen zu bewahren.)

6. Spiel für fitte Füße

Im Sommer lassen sich viele Wahrnehmungsspiele im Freien spielen. Das folgende Spiel eignet sich für Sommerpartys.

Sammeln Sie unterschiedliche Materialien. Ich empfehle eine Wolldecke, einen Regenmantel oder Plastikfolie, eine Gummifußmatte, einen Teppichrest, ein Holzbrett ohne Splitter, Äste, eine Kokosmatte, eine Steinplatte. Bestimmt fallen Ihnen noch weitere oder ganz andere Materialien ein. Wenn Sie diese Dinge nicht zu Hause haben, bieten Baumärkte und Stoffgeschäfte eine preiswerte Auswahl.

Diese Materialien werden zum Parcours ausgelegt, und das erste Kind läuft mit verbundenen Augen und nackten Füßen darüber. Es geht nun darum, möglichst viele verschiedene Untergründe zu erkennen. Bevor der nächste Mitspieler die Aufgabe erfüllt, wird der Parcours umgeändert, das heißt, Sie wählen eine andere Reihenfolge der Materialien. Für jeden Treffer gibt es einen Punkt!

Konzentrationsspiele

1. Listen merken

Folgendes Spiel können Sie über mehrere Tage auch als Wettspiel unter Geschwistern spielen.

Jedes Kind kann sich konzentrieren – wenn es Interesse an der Sache hat. Spiele bieten dabei ein gutes Übungsfeld.

Notieren Sie fünf bis acht Begriffe auf einem Blatt Papier. Geben Sie jedem Kind einen Zettel mit den gleichen Begriffen. Nutzen Sie für dieses Spiel die Zeit vor einem Ausflug, vor dem Essen oder vor dem Schlafengehen. Am einfachsten sind für den Anfang Namenwörter, die in einem Sinnzusammenhang stehen.

Lassen Sie den Kindern zwischen 15 und 30 Minuten Zeit, um die Begriffe zu „lernen". Dann sammeln Sie die Zettel ein und gehen zur Tagesordnung über. Etwa zwei bis drei Stunden später fragen Sie die Begriffe ab. Dabei beginnen Sie beim ältesten Kind. Wer sich die meisten Begriffe merken konnte, hat gewonnen.

Wichtig ist, dass zwischen dem „Lernen" und dem „Abfragen" der Begriffe eine Zeitspanne liegt, in der die Kinder von der Liste abgelenkt waren.

Damit die Listen nicht zu schwierig oder zu leicht sind, finden Sie im Folgenden einige Beispiele:

Schwierigkeitsstufe 1 (Namenwörter mit Sinnzusammenhang)
1. Kirmes – Karussell – Zuckerwatte – Losbude – Hauptgewinn – Feuerwerk – Riesenrad – Achterbahn – Geisterbahn – Luftballon

2. Einkaufswagen – Kasse – Salz – Mehl – Eier – Apfelsaft – Einkaufstüte – Fleischtheke – Wechselgeld – Sonderangebot

Schwierigkeitsstufe 2 (Wörter mit Sinnzusammenhang)
1. Geburtstag – Kuchen – Geschenk – Einladung – spielen – essen – lustig – Schleifenband – gratulieren – glücklich

2. Ferien – Urlaub – Zeugnis – reisen – warm – Sonne – genießen – Familie – Stau – entspannen

Schwierigkeitsstufe 3 (Namenwörter ohne Zusammenhang)
1. Puppe – Kran – Schuhe – Fußball – Nachtisch – Großmutter – Spielplatz – Eis – Taschentuch – Haustür

2. Weihnachtsbaum – Nagelschere – Eierbecher – Kerze – Kuchen – Hand – Fahrrad – Hamster – Spiegel – Bleistift

Für Jugendliche und Erwachsene eignen sich zweistellige Zahlen gut für dieses Spiel!

2. Lesen mit Hindernissen
In manchen Schulklassen herrscht eine ständige Unruhe. Bei diesem Spiel lernt Ihr Kind, sich auf seine Aufgabe zu konzentrieren, ganz gleich, was die anderen machen. Aus diesem Grund spiele ich dieses Spiel auch in meinen Lernkursen für Grundschüler.

Es müssen außer dem Kind mindestens zwei Personen zusätzlich anwesend sein.

Das Kind bekommt einen Text, den es gut vorlesen kann. Oft gibt es einen Lieblingstext im Lesebuch. Das Kind liest den anderen diesen Text laut vor – und die anderen stören, wo es nur geht. Sie unterhalten sich, machen Zwischenbemerkungen, stellen unsinnige Fragen.

Ziel ist es, den Vorleser so zu stören, dass er Lesefehler macht. Dann ist der Nächste an der Reihe.

Gehen Sie dieses Spiel nicht mit zu viel Ernst an. Es ist ein Spiel, das normalerweise mit Spaß und Gelächter endet.

3. Frage-Antwort-Spiel

Dieses Spiel können Sie zu zweit oder auch mit mehreren Teilnehmern spielen. Stellen Sie Ihrem Kind eine Frage und erklären Sie ihm vorher, dass es auf die erste Frage mit dem Wort Killefit antworten soll. Dann stellen Sie eine weitere Frage. Hierauf muss Ihr Kind die Antwort auf die erste Frage geben. Auf die dritte Frage folgt dann die Antwort, die bei Frage zwei richtig gewesen wäre, und so weiter. Die Antworten Ihres Kindes sind also um eine Frage rückwärts versetzt. Ein Beispiel:

Gerade an Unsinnsspielen, die uns Erwachsenen ziemlich albern erscheinen, haben Grundschüler oft sehr viel Freude.

Wie ist das Wetter heute?	Killefit
Was möchtest du heute essen?	Verregnet
Welche Hausaufgaben hast du auf?	Spinat
Freust du dich auf den Einkauf?	Nur Mathe
Wie ist deine Laune heute?	Ja
Welche Tiere leben in Afrika?	Es geht so
Was möchtest du heute spielen?	Giraffen und Elefanten

4. Geheimsprachen

Erinnern Sie sich einmal an Ihre Grundschulzeit. Für mich und meine Mitschüler war es immer eine besondere Freude, in „Geheimsprachen" zu sprechen. Ich habe den Eindruck, dass dieses Vergnügen heute etwas nachgelassen hat. Dabei sind gerade solche Sprachspiele sehr gut als Konzentrationstraining geeignet.

Sie sollten für diese Spiele eine ungestörte Atmosphäre schaffen. Beginnen Sie nach der Art des alten Kinderliedes „Drei Chinesen mit dem Kontrabass". Sie erinnern sich?

Sprachspiele *Drei Chinesen mit dem Kontrabass*
sind sehr gut als *saßen auf der Straße und erzählten sich was ...*
Konzentrations- Der nächste Durchgang wurde gesungen:
training geeignet. *Dra Chanasan mat dam Kantrabass*
saßan aaf dar Straßa and arzahltan sach was ...
Das Spiel ging weiter auf dem Vokal „e":
Dre Chenesen met dem Kentrebess
seßen eef der Streße end erzehlten sech wes ...
und so weiter mit den übrigen Vokalen.

Nutzen Sie dieses alte Lied und sprechen Sie mit Ihrem Kind einmal nur drei oder vier Sätze in ähnlicher Weise. Sie können ein Ritual daraus machen, zum Beispiel kurz vor dem Schlafengehen.

Für Fortgeschrittene gibt es noch viele weitere Möglichkeiten, mit Sprache und Lauten zu spielen. Denken Sie sich gemeinsam mit Ihrem Kind Geheimsprachen aus. Natürlich können Sie auch ein neues Alphabet erfinden und sich kleine Mitteilungen in dieser neuen Schrift machen. Kinder haben erfahrungsgemäß viel Freude an allem, was nach einem Geheimnis aussieht. Wenn Ihr Kind dann seinen besten Freund einweiht, sind die beiden erst einmal gut beschäftigt.

5. Spiegelspiel
Zeichnen Sie einen Stern auf ein großes Blatt Papier. Das Bild legen Sie vor Ihrem Kind auf den Tisch. Dann stellen Sie dem Kind gegenüber einen Spiegel auf, sodass das Kind den Stern im Spiegel sehen kann. Jetzt soll das Kind den Stern mit einem weichen Bleistift nachzeichnen, allerdings darf es nur den Spiegel betrachten, nicht das Original.

Durch dieses kleine Spiel werden beide Gehirnhälften gleichzeitig aktiviert. Es bereitet dem Kind viel Spaß, wenn Sie sich der Aufgabe auch einmal selbst stellen.

6. Geschichten malen

Gerade jüngere Grundschüler haben noch viel Freude daran, Geschichten erzählt zu bekommen. Wenn Sie eine Geschichte auswählen, die möglichst viele Details enthält, lassen Sie Ihr Kind später ein Bild dazu malen. Wählen Sie entweder eine kurze Geschichte aus einem Kinderbuch mit möglichst vielen Eigenschaftswörtern oder fügen Sie selbst noch welche hinzu. Es ist wichtig, Zahlen und Farben einzubauen. Dadurch steht das Kind vor der Herausforderung, möglichst viele Detailinformationen im Bild zu verarbeiten. Sie können eine Geschichte mehrfach erzählen, Ihr Kind wird immer wieder gefordert sein, bis es die Einzelheiten fast auswendig kennt.

Geschichten hören und malen – das bereitet allen Kindern Freude und schult ganz nebenher die Konzentration.

7. Diktate durchsehen

Wenn Ihr Kind bereits längere Diktate schreibt, üben Sie mit ihm nicht nur Diktatschreiben in der Form, in der es in der Schule geschieht. Erklären Sie Ihrem Kind vielmehr auch, wie es sich selbst kontrollieren kann. Hierfür geben Sie Ihrem Kind einen Text mit Fehlern.

Das Kind soll jetzt den Text rückwärts, Wort für Wort, durchsehen. So fallen Fehler oft sehr gut auf. Wenn das Kind seinen Text vorwärts kontrolliert, überfliegt es oft die einzelnen Wörter nur, weil die bekannte und flüssige Satzfolge die Konzentration stört.

8. Rechensprünge

Lassen Sie Ihr Kind einmal bis 20 zählen. Als Nächstes zählt es in Fünferschritten bis 100. Das bedeutet, es zählt 5, 10, 15, 20 usw. Sie können jetzt in dem Zahlenraum, den Ihr Kind bereits beherrscht, weitere Zählschritte als Aufgabe stellen, also Viererschritte, Achterschritte usw. Das Spiel funktioniert natürlich auch rückwärts, allerdings fällt es den meisten Kindern vorwärts etwas leichter.

Traumreisen

Die Möwe

Du sitzt allein am Strand. Die Sonne scheint. Das Meer riecht nach Salz. Du siehst die kleinen Wellen, die sanft vor sich hin plätschern.

Du bist ganz ruhig. Dein Atem geht wie die Wellen – auf und ab – auf und ab.

Möwen kreisen über dir. Du beobachtest ihren Flug. Du fühlst dich wohl.

Eine Möwe landet neben dir im Sand. Sie schaut dich freundlich an. Du siehst, wie sie atmet – auf und ab – auf und ab. Ihr beide atmet im gleichen Takt – auf und ab – auf und ab. Vor deinen Füßen spielen noch immer die Wellen – auf und ab – auf und ab. Du bist ganz ruhig. Du fühlst dich frei. Dein Atem geht ruhig auf und ab – auf und ab.

Die Möwe breitet ihre Flügel aus und erhebt sich in die Luft. In Gedanken folgst du ihr. Ihr seid ganz ruhig und zieht eure Kreise über dem Meer. Die Sonne wärmt euch. Du atmest tief ein und aus. Dann fliegst du langsam zurück und landest am Strand. Dein Atem geht immer weiter – auf und ab – auf und ab.

Die Wolke

Stell dir vor, du liegst auf einer Wolke. Die Wolke ist groß genug, du kannst dich ganz ausstrecken.

Deine Hände liegen neben deinem Körper, du fühlst die Wolke. Sie fühlt sich warm und ganz weich an.

Über dir scheint die Sonne. Du bist ruhig und entspannt. Du atmest langsam ein und aus – ein und aus.

Über dir schweben weiße Wolken vorbei. Ganz langsam folgt eine Wolke auf die andere. Du lässt sie ruhig vorüberziehen. Dein Atem ist ruhig und gleichmäßig.

Da siehst du, wie zwischen den Wolken ein blauer Luftballon schwebt. Er strahlt im Sonnenlicht. Du freust dich an seiner Farbe. Er steht ein Weilchen in der Luft über dir. Du betrachtest ihn. Der Ballon ist wunderschön rund. Jetzt fliegt er langsam weiter.

Du kannst ihn nicht mehr sehen. Du atmest ruhig weiter – ein und aus – ein und aus. Wolken schweben über dir. Du schließt die Augen und atmest ruhig ein und aus – ein und aus.

Die Sonnenblume

Stell dir vor, du bist ein Samenkorn in der warmen Erde.

Du liegst entspannt in deinem Bett aus Erde und die Wärme der Sonne dringt bis zu dir durch. Durch Ritzen in der Erde kannst du die Sonnenstrahlen sehen. Du liegst ganz ruhig und entspannt. Dein Atem geht ruhig und langsam.

Die Sonne kitzelt dich. Du reckst dich und streckst dich. Du holst tief Luft, bis deine Schale platzt. Aus dir wird eine Sonnenblume werden.

Du reckst dich weiter, bis dein Stiel die Erde durchbricht.

Atme tief ein und aus. Deine Wurzeln graben sich tief in den Boden. Du hast festen Halt. Dein Stiel wächst weiter und weiter, der Sonne entgegen. Du spürst die Wärme immer mehr.

Dann entfalten sich deine Blätter. Sie sind groß und grün. Du wirst eine wunderschöne Sonnenblume werden. Du bildest eine Blüte aus, um die Sonnenstrahlen aufzufangen. Deine Blütenblätter sind gelb und strahlen weit. Deine Blüte hat die Farbe der Sonne.

Ein leichter Wind weht. Atme tief ein und aus. Du wiegst dich leicht im Wind. Deine Wurzeln geben dir Halt. Deine Blüte ist der Sonne ganz nah.

Du bist ganz ruhig und entspannt. Dein Atem geht langsam ein und aus – ein und aus.

Der Blick

Du sitzt im warmen Gras auf einer Decke.

Dein Oberköper lehnt an einem Baumstamm.

Die Sonne wärmt deinen Körper. Du bist ganz ruhig und entspannt.

Vor dir ist die grüne Wiese und etwas weiter entfernt liegt ein kleiner See. Es ist ein schöner Tag und du hast Zeit.

Du atmest ruhig ein und aus.

Deine Augen gleiten über die Wiese. Du schaust ganz ruhig über das grüne Gras. Über den bunten Blumen auf der Wiese tanzen Schmetterlinge. Etwas weiter beginnt das Ufer des Sees.

Im Sonnenlicht glitzert der Sand wie kleine Spiegelstücke.

Die Wellen rollen ruhig und sanft ganz rhythmisch an das Ufer. Du siehst die zarten Wellen kommen. Du atmest mit den Wellen ein und aus.

Weit draußen gleitet ein Segelboot über den See.

Deine Gedanken verweilen dort. Du spürst den sanften Wind.

Dein Atem geht im gleichen Takt, wie das Segelboot über die Wellen schaukelt – auf und ab – auf und ab.

Am Himmel ziehen kleine weiße Wolken über dich hinweg.

An einer Wolke bleibt dein Blick hängen.

Die Wolke bringt deinen Blick wieder zu dir.

Dein Atem geht ruhig auf und ab wie die Wellen des Sees.

Du fühlst dich warm und ruhig.

Körperpolizei

Diese Traumreise habe ich mit meinen Kindern durchgeführt, wenn sie einmal eine kleine Verletzung oder eine Erkältung hatten. Sie konnten dabei entspannen und ihr körperliches Unwohlsein leichter ertragen.

Du liegst ganz bequem auf deinem Bett. Deine Hände liegen sanft auf deinem Bauch. Atme tief ein und aus – ein und aus. Du spürst, wie sich dein Bauch hebt und senkt. Du atmest gesunde Luft tief in deinen Bauch. Dein Atmen gibt dir Kraft.

Atme tief ein und aus – ein und aus. Jetzt schickst du deine Kraft an die Stelle, die dir wehtut. Ganz langsam wandert die Kraft durch deinen Körper. Atme weiter tief ein und aus – ein und aus. Die Kraft wandert vorbei an Muskeln und Sehnen. Nichts kann deine Kraft aufhalten. Du atmest ruhig weiter.

Jetzt ist die Kraft an der schmerzenden Stelle angekommen. Sie schwebt um den Schmerz herum. Die Kraft legt sich wie eine Kapsel um den Schmerz. Atme ruhig weiter. Die Kraft wandert zurück. Sie nimmt den Schmerz mit sich. Atme tief ein – atme den Schmerz aus. Atme tief ein – atme den Schmerz aus.

Urania-Elternratgeber:
So geht auch Ihr Kind gern zur Schule!